FACULTÉ DE DROIT DE CAEN

THÈSE DE DOCTORAT

ÉTUDE SUR LE DROIT DE PASSAGE

THÈSE

SOUTENUE

DANS LA GRANDE SALLE DE LA FACULTÉ DE DROIT

Le Samedi 25 Mars 1876, à 3 heures du soir

PAR

ALFRED MARIE

Avocat à Coutances.

COUTANCES

IMPRIMERIE DE SALETTES FILS, LIBRAIRE-ÉDITEUR.

1876

FACULTÉ DE DROIT DE CAEN

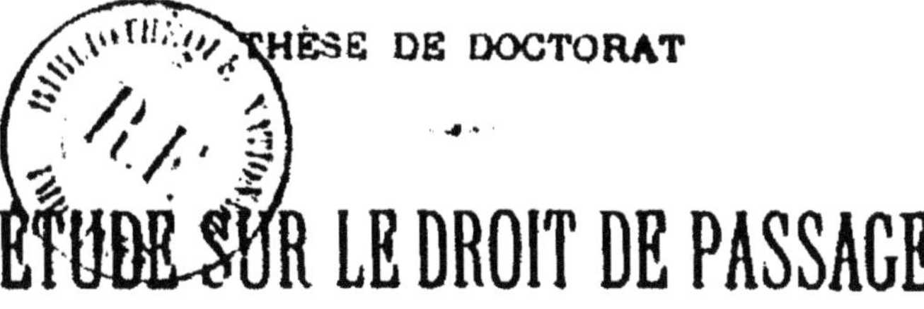

THÈSE DE DOCTORAT

ÉTUDE SUR LE DROIT DE PASSAGE

THÈSE

SOUTENUE

DANS LA GRANDE SALLE DE LA FACULTÉ DE DROIT

Le Samedi 25 Mars 1876, à 3 heures du soir

PAR

ALFRED MARIE

Avocat à Coutances.

COUTANCES

IMPRIMERIE DE SALETTES FILS, LIBRAIRE-ÉDITEUR.

1876

A MES PARENTS

A MES AMIS

Président : M. CAREL, *professeur*.

Suffragants :

- MM. LECAVELIER, *professeur*.
- TOUTAIN, *professeur*.
- JOUEN, *agrégé*.
- LAISNÉ-DESHAYES, *agrégé*.
- VILLEY, *agrégé*.

INTRODUCTION

Avant d'aborder l'examen de mon sujet, il est utile de présenter quelques observations préliminaires, de dire pourquoi je l'ai choisi, et quel est le but que je me suis proposé.

Dans un pays comme le nôtre, où la propriété est très-divisée, où parconséquent les rapports de voisinage sont très-nombreux et soulèvent chaque jour des difficultés, le titre des servitudes a une importance capitale, une utilité incontestable dans la pratique. Aussi une étude complète et spéciale de cette matière est indispensable, à ce point de vue. Partant de cette idée, et comme un traité général des servitudes n'eût été nécessairement qu'un résumé très-incomplet des règles expliquées par les commentateurs du Code, j'ai choisi parmi les servitudes l'une des plus fréquentes, celle qui se présentait avec les caractères les plus variés et j'en ai fait une thèse, c'est-à-dire la réunion sous un seul titre, de toutes les règles s'appliquant à un sujet particulier, traité aussi complètement que possible.

J'ai donc choisi le *droit de passage* pour deux raisons : 1° parce que cette étude pourra me servir dans la pratique ; 2° parce que ce droit se présente sous des aspects variés et donne naissance à de nombreuses distinctions.

En effet, les droits de passage d'utilité privée sont de différentes sortes ; et les règles qui les régissent ont varié avec les législations qui se sont succédées depuis la loi des XII Tables jusqu'à nos jours.

En Droit Romain nous verrons qu'on distinguait trois servitudes de passage, qui pouvaient être acquises ou perdues suivant des règles spéciales et qui se sont transformées avec les idées des romains sur la propriété du sol. Aussi, d'après les auteurs, les textes sur ce sujet sont très-nombreux, ils s'élèvent à plus de mille, et cependant il y a bien des principes qui sont restés inconnus.

Dans notre ancien Droit français, la législation sur ce sujet varie suivant les différents pays, soit de droit coutumier, soit de droit écrit. Dans les uns on trouve des usages constants, dans d'autres une jurisprudence incertaine, dans presque tous une quantité de textes peu précis, incomplets et contradictoires. Aussi me suis-je borné à examiner les règles en vigueur sous la Coutume de Normandie. Cette Coutume est complètement muette en ce qui concerne les servitudes *rurales* et par suite le droit de passage ; les seuls documents que nous ayons sont des arrêts du parlement, et les ouvrages des commentateurs Basnage, Godefroy, Bérault, et autres.

En Droit Civil nous verrons que les règles qui régissent les droits de passage ne sont pas uniformes, et qu'elles diffèrent suivant la nature de ces droits. Un passage peut s'exercer soit sur un terrain dont on est copropriétaire (Ch. III), soit sur le terrain d'autrui; dans ce dernier cas ce droit est une servitude qui, elle-même, varie suivant la cause qui l'a créée. En effet, d'une part, une servitude de passage peut être accordée par un propriétaire sur son terrain : c'est la *servitude conventionnelle* de passage; d'autre part, la loi peut quelquefois concéder par elle-même, à certaines conditions, et dans l'intérêt général, un droit de passage sur la propriété d'autrui : de là la *servitude légale* de passage.

J'examinerai donc ce droit à ces différents points de vue; je rechercherai quelles sont, parmi les règles générales régissant les servitudes, celles qui s'appliquent aux passages et je les combinerai avec celles qui leur sont particulières, me basant, pour y arriver, sur la doctrine et sur les décisions les plus récentes de la jurisprudence.

DROIT ROMAIN

CHAPITRE Ier

DIVISION DES SERVITUDES

I. Elles sont ou personnelles ou réelles.
II. Les servitudes réelles sont urbaines ou rurales. — Comment on les distingue.
III. Conséquences de cette division.

I. Les lois romaines ont divisé les servitudes en deux classes principales, les servitudes personnelles et les servitudes réelles :

Les servitudes personnelles sont celles qui sont établies sur une chose, meuble ou immeuble, pour l'usage et l'utilité d'une personne autre que le propriétaire de cette chose. Ce qui fait le caractère de ces servitudes, c'est qu'elles sont inhérentes à la personne qui les possède.

Les servitudes réelles, sont celles qui existent sur un héritage, pour l'usage d'un autre héritage (*quæ debitur a re, rei)*. On les nomme aussi prédiales parcequ'elles ne peuvent être acquises que par ceux qui possèdent un fonds, *prædium;* une fois établie, cette servitude fait partie du fonds à qui elle est due et le suit en quelques mains qu'il passe.

II. Les servitudes réelles se subdivisent en deux espèces : les servitudes urbaines et les servitudes rurales ou rustiques. Cette distinction qui a été reproduite dans notre droit français, mais qui n'a aujourd'hui aucun intérêt juridique, est d'une importance capitale en Droit Romain, aussi a-t-elle été la cause de nombreuses discussions. Il importe donc, d'en donner tout d'abord une définition exacte, nous en déduirons ensuite les conséquences.

Justinien définit ainsi les servitudes urbaines : « prædiorum urbanorum servitutes sunt quæ ædificiis inhærent; » quant aux servitudes rurales il ne les définit pas et se contente de les énumérer. Au Digeste, Paul en parle d'une manière non moins laconique : « Servitutes prædiorum aliæ in solo, aliæ in superficie consistunt. » (VIII, I, 3.)

Ces textes déjà très peu clairs en eux-mêmes, sont employés dans différentes matières où ils n'ont pas le même sens, aussi ont-ils donné naissance à plusieurs systèmes. Devra-t-on s'occuper seulement de la nature de l'immeuble pour déterminer le caractère de la servitude et dire que toute servitude existant au profit d'un bâtiment est urbaine, que toute servitude servant à un terrain non bâti est rustique? Au contraire faudra-t-il s'attacher à la situation de l'immeuble et examiner s'il est situé à la ville ou à la campagne, et dire, dans le premier cas que la servitude est urbaine, dans le second qu'elle est rurale? Sera-ce le fonds dominant qui caractérisera la servitude, sera-ce au contraire le fonds servant?

Les rédacteurs de notre Code Civil ont ainsi résolu la question dans l'article 687 : « Les servitudes sont établies ou pour l'usage des bâtiments ou pour celui des fonds de terre. Celles de la première espèce s'appellent urbaines soit que les bâtiments auxquels elles sont dues soient situés à la ville ou à la campagne ; celles de la seconde espèce se nomment rurales. » Est-ce ainsi que l'entendaient les jurisconsultes romains, et devons-nous accepter cette division ?

Plusieurs auteurs l'ont admis et M. Machelard l'a soutenu. Il est un fait incontestable, dit le savant professeur, c'est que les servitudes réelles sont nées des besoins de l'agriculture ; tout dans l'ancien Droit Romain prouve l'importance que l'on attachait à la culture du sol romain, et la protection qu'on lui accordait. Plus tard cette faveur réservée spécialement au sol s'étendit, et on fit pour l'utilité des maisons ce qu'on avait fait pour les fonds de terre. De là la division des servitudes en urbaines et rurales, de là ce fait non moins certain c'est que c'était le fonds dominant qui déterminait le caractère de la servitude. Cette explication est assurément très-séduisante et l'on peut admettre parfaitement qu'elle est vraie quant à l'origine des servitudes réelles, mais est-il bien certain que cette division ait subsisté, qu'elle ait conservé sa signification primitive, et qu'elle ait résisté au changement, à la transformation des idées romaines sur la propriété. Cela n'est pas supposable et d'ailleurs tous les textes du Digeste et des Instituts nous prouvent le contraire. Si en effet on admettait comme vraie, la thèse que nous combattons, il faudrait dire qu'une servitude, de passage par exemple, est rurale quand elle est établie pour l'usage d'un fonds de terre, que si, au contraire, cette même servitude est créée pour accéder à une maison, elle est urbaine. Il faudrait comme conséquence admettre que les modes d'acquisition et d'extinction des servitudes varient suivant la nature de l'héritage dominant; cela est inadmissible, et d'ailleurs il suffit de lire les premiers mots du titre III aux Instituts pour s'en convaincre.

Cependant on insiste et on oppose différents textes, l'un d'Ulpien qui à propos de l'interdit *de itinere actuque privato* s'exprime ainsi : « hoc interdictum pertinet ad rusticas tantummodo servitutes (XLIII, 19, l. 1.) » Comment cet interdit ne s'applique qu'aux servitudes rurales! il y a donc des servitudes de passage qui sont urbaines?

Un autre passage de Paul (D. VIII, 2, l. 20) dit : « si ma maison est plus élevée que le sol de ta cour, et si tu me cèdes un droit de passage dans ta cour pour ma maison je puis établir un escalier ou une pente quelconque auprès de ma porte. » Or s'il faut un escalier ou quelqu'autre travail pour que la servitude existe, cette servitude est urbaine car elle est inhérente à un édifice? Ces textes selon moi, ne sont pas concluants; le premier est basé sur le mot *tantummodo*, et je ne puis admettre qu'on base sur un seul mot un système aussi important; le second je crois fait une confusion, et a le tort de ne pas distinguer l'existence de la servitude, de son exercice. En effet, le droit dès qu'il est créé, existe avec tous ses caractères légaux; quant aux travaux qui peuvent être nécessaires ou utiles pour en user, ils ne sont qu'une conséquence et un accessoire de ce droit.

Concluons donc que la division adoptée par le droit français dans l'article 687, n'est pas la même que la division romaine, et voyons quelle est celle que l'on doit adopter :

Il est un fait certain, c'est que lorsqu'on voulait désigner la nature d'un immeuble, on appelait fonds rural tout immeuble situé à la campagne, terre et maisons, et fonds urbain, tout immeuble situé à la ville, cela résulte formuellement de la loi. 211. D. *De verb. sign.* Lorsqu'au contraire il s'agissait de déterminer la nature d'une servitude, on distinguait le sol de la superficie et l'on entendait par superficie tout ce qui était bâti au-dessus du sol, peu importait l'endroit ou était situé l'immeuble. Je ne saurais d'ailleurs mieux faire que de transcrire la définition adoptée par un grand nombre de jurisconsultes et que M. Demangeat nous donne en ces termes : « Toute servitude à laquelle vous ne pouvez songer sans que l'idée de construction se présente à votre esprit, est une servitude urbaine, lors même qu'il n'existe pour le moment aucune construction ; au contraire est rustique, la servitude que vous pouvez concevoir sans qu'elle appelle nécessairement dans votre esprit l'idée de construction. » Cette définition est parfaitement conforme au texte de Paul : « Servitutes prædiorum aliæ in solo, aliæ in superficie consistunt. » Les unes (*consistunt*) consistent, prennent leur existence dans l'idée du sol, ce sont les rurales, les autres dans l'idée de superficie, ce sont les urbaines.

III. Nous avons dit plus haut que cette distinction était féconde en conséquences pratiques, il nous reste à les énumérer.

1. Les servitudes urbaines ont en général pour caractère la continuité, elles s'exercent sans qu'il soit besoin du fait de l'homme ; les servitudes rurales au contraire sont discontinues. Ulpien nous le dit au Digeste et cite comme exemple le droit de passage : « Tales sunt servitutes ut non habeant certam continuamque possessionem, nemo enim tam perpetuo, tam continenter ire potest, ut nullo memento possessio ejus interpellari videatur. » De là des différences au point de vue de l'acquisition et de l'extinction de la servitude.

2. L'ancien droit romain divisait les choses, en *res mancipi* et *res nec mancipi*; les premières ne pouvaient être transférées que par un des modes légaux d'acquisition, tandis que la tradition suffisait pour aliéner les secondes. Les choses corporelles étaient seules considérées comme *res mancipi*, et on n'avait admis qu'une exception à cet règle en faveur des servitudes rurales. Il y avait donc cette différence entre les servitudes urbaines et les servitudes rurales, que les premières étaient *res nec mancipi*, tandis que les secondes étaient *res mancipi*. Du reste cette distinction fut abolie, et elle n'existe plus dans le Droit de Justinien.

3. Les servitudes urbaines ne pouvaient être hypothéquées, tandis qu'au contraire les rurales pouvaient l'être.

Nous reviendrons d'ailleurs plus tard sur ce sujet lorsque nous examinerons les règles qui régissent la servitude de passage.

CHAPITRE II

CARACTÈRES DES DIFFÉRENTES SERVITUDES DE PASSAGE

I. Iter.
II. Actus.
III. Via.
IV. Largeur de chacune de ces trois voies.

On a vu quel est le caractère distinctif des servitudes rurales, il en résulte que c'est parmi elles que doivent être placées les différentes servitudes de passage. En effet, on peut parfaitement les concevoir sans qu'elles éveillent en nous l'idée de construction, de superposition quelconque au-dessus du sol.

Rusticorum prædiorum jura sunt hæc : iter, actus, via, aquæductus (Inst. l. II, t. 3.). Il résulte de ce texte que les servitudes de passage sont au nombre de trois, ayant chacune un nom particulier, voyons ce qu'elles sont et quels droits elles comprennent.

I. *Iter, est jus eundi et ambulandi* (Inst.). C'est le droit de passage dans son acception la plus restreinte; il comprend le droit de passer soit à pied, soit à cheval, soit en litière : « Iter est enim qua quis pedes vel eques commeare potest. » (D. VIII, 3, 12.) « Qui sella aut lectica vehitur, ire, non agere dicitur. » (D. VIII, 3, 7.) Néanmoins il n'en est ainsi qu'autant que l'on s'est contenté de concéder *l'iter*, purement et simplement, car il est parfaitement permis aux parties de restreindre ce droit dans son mode, et par exemple de convenir que l'on ne pourra passer qu'à pied : cela résulte clairement de la loi .§. 1. au Dig. (De servit.)

II. *Actus* (*jus agendi*) est le droit de conduire, de faire passer des bestiaux, des charrues ou des charrettes. Il est plus étendu que *l'iter*, car il le comprend. On trouve cette explication dans un texte d'Ulpien. (D. VIII, 3, 7.) « Celui qui passe en selle ou en litière est dit *ire* et non *agere* mais celui qui a seulement *l'iter* ne peut conduire un cheval. Celui qui a *l'actus* peut conduire un char et un cheval; mais aucun d'eux n'a le droit de traîner des pierres ou une poutre... »

Il est évident que les parties pourraient convenir que la servitude ne comprendrait que le droit de conduire des chevaux; *l'actus* subsisterait quand même. La loi 13, I, D, cite même un cas où cette convention sera tacite, c'est celui où la voie ne serait pas assez large pour faire passer une voiture.

Si d'ailleurs l'*actus* comprend habituellement l'*iter*, il n'en est pas toujours ainsi et il peut parfaitement arriver qu'on ait le droit de conduire ses bestiaux et ses voitures sans avoir le droit de passer seul. Néanmoins cette question a donné lieu à une difficulté, car les textes sont contradictoires sur ce point. En effet, d'une part, Ulpien dans le texte suivant suppose qu'on peut avoir l'*actus* sans l'*iter* : « Qui iter sine actu, vel actum sine itinere habet, actione de servitute utetur. » (D. VIII, 4, t. 5.) D'autre part, Paul nous dit : « Nunquam actus sine itinere esse potest. » Il est évident que ces deux textes paraissent contradictoires, néanmoins on a donné cette explication : Ulpien entend par *iter*, le passage de l'homme seul, le droit de passer sans conduire des bestiaux et il dit que ce droit peut être détaché de l'*actus*. Paul au contraire désigne par *iter* le passage de l'homme qui conduit des bestiaux ou des voitures, et dans ce cas, il est évident que l'*iter* ne peut être détaché de l'*actus*; les bestiaux ou les voitures ne peuvent se conduire seuls, l'*iter* est ainsi considéré comme accessoire de l'*actus* et dans ce cas ne peut en être séparé. Il faut donc se garder de confondre ces deux droits parfaitement distincts, le droit de passer pour soi-même et le droit de faire passer.

III. *Via*. Si nous n'avions que les Instituts de Justinien pour nous apprendre ce que c'est que la *via*, nous ne pourrions guère la définir ; c'est le droit, disent-ils, d'aller, de conduire et de se promener, *nam et iter et actum in se continet via*. La loi 7, (VIII, 3, D.) est plus explicite : « Ceux qui ont la *via* ont l'*iter* et l'*actus*, ils peuvent en outre traîner des pierres ou des poutres et porter des piques levées, à condition qu'ils ne nuiront pas aux fruits. » C'est, en un mot, le droit de passage dans sa plus large étendue; il est donc plus avantageux que l'*actus*. On s'est demandé si l'*iter* et l'*actus* étaient les seuls droits essentiels pour qu'il y ait *via*; dans ce cas, je ne verrais pas de différence entre la *via* et l'*actus*. Faut-il au contraire qu'il y ait quelque chose de plus?

Je crois que ce n'est pas là qu'il faut chercher les caractères qui distinguent la *via* des deux autres droits de passage, car aucun texte n'exige que la *via* contienne quelque chose de plus que l'*iter* et l'*actus*, les instituts mêmes semblent dire le contraire puisqu'ils la définissent, le *jus eundi, agendi et ambulandi*. On pourrait aller plus loin et citer même un texte d'Ulpien (D. 46, 4, 13), duquel il résulte que si quelqu'un ayant droit à la *via*, renonce à l'*iter* et à l'*actus*, il n'aura plus aucun droit.

M. Demangeat nous a donné la véritable différence : c'est que la *via* suppose un chemin par où la servitude s'exerce, tandis que ceux qui n'ont que le droit d'*iter* ou d'*actus* peuvent passer à travers le fonds servant, soit d'un côté, soit de l'autre, pourvu qu'ils ne fassent pas tort aux récoltes. Il est vrai que les parties pourront parfaitement convenir que le passage (*iter et actus*) s'exercera toujours par le même endroit, et dans ce cas ce droit ne différera pas de la *via*. Je crois qu'il faut même aller plus loin et dire que le propriétaire du fonds servant a le droit de faire déterminer et fixer le passage par arbitres, par un seul endroit, celui par où il s'est exercé jusqu'à ce jour; (D. VII, 3, 13). Mais il est une autre différence qui pourra servir à caractériser la *via*, c'est que la largeur de cette voie a été fixée par la loi des XII Tables, tandis que celle de l'*actus* et de l'*iter* ne l'a pas été.

IV. La loi 13 (3, VIII,) fixe ainsi le droit qui régit cette matière : « Latitudo actus itinerisque, ea est quæ demonstrata est, quod si nihil dictum est, hoc ab arbitrio statuendum est. In via aliud juris est, nam si dicta latitudo non est, legitima debetur. » Ainsi le titre constitutif de la servitude doit déterminer la largeur du passage. S'il n'en parle pas on distingue alors quelle est cette servitude : si s'est l'*actus* ou l'*iter* qui est concédé, la largeur de la voie sera déterminée par des arbitres ; s'il s'agit de la *via*, on n'aura pas besoin de recourir à ce moyen, on appliquera la largeur fixée par la loi (*legitima*).

Mais qu'elle est cette largeur légale? « Viæ latitudo ex lege Duodecim Tabularum, in porrectum octo pedes habet, in anfractum id est ubi flexum est, sedecim (III, l. 8). »

Ainsi d'après la loi des XII Tables la largeur de la voie est de huit pieds, quand la voie est en ligne droite, et de seize pieds dans les endroits ou elle tourne. Il semble que ce texte est assez clair, et qu'il ne peut donner lieu à aucune difficulté, néanmoins certains auteurs se sont demandé ce que Gaius dans ce passage avait entendu par *via*, et si ce mot ne désignait pas plutôt la voie publique, que la servitude de passage. Cette question est née de ce que l'origine des servitudes en droit romain ne nous est pas connue. Il est un fait certain c'est que parmi les fragments de la loi des XII Tables qui nous sont parvenus, aucun n'a trait aux servitudes personnelles ; on en a conclu qu'il en était de même pour les servitudes réelles, qu'elles étaient inconnues à cette époque et que par conséquent le texte de Gaius ne peut parler que de la voie publique.

Il serait intéressant de faire une étude historique sur ce point, mais cela n'est pas de mon sujet ; je me bornerai donc à présenter quelques observations :

D'abord il me semblerait bien étrange qu'une matière aussi importante que celle des servitudes réelles n'eût pas été réglementée chez un peuple qui attachait un si grand prix à la propriété du sol romain et surtout dans une loi qui s'occupait de cette propriété et qui édictait des modes spéciaux d'acquisition. Les courts fragments que nous possédons de cette loi ne nous sont parvenus qu'indirectement et il peut se faire que la partie concernant les servitudes soit celle que nous ne connaissons pas.

Voici d'ailleurs deux textes de Cicéron (*Pro Cæcina* 19 et 26) qui disent formellement que la loi civile protégeait la servitude de passage : « si le chemin est impraticable (*jubet lex*), la loi civile ordonne de conduire les bêtes de charge par où l'on voudra. On peut conclure de ces termes que si le chemin dans le *Bruttium* est impraticable (*si via sit immunita*) on pourra, si l'on veut, conduire ses bêtes de charge à travers la terre de *Scaurus*, dans le *Tusculum*. » (19).

Le texte suivant est encore plus caractéristique dans ses termes « Aquæductus, haustus, iter, actus, a patre (*habemus*) sed rata auctoritas harum rerum omnium, a jure civili sumitur. »

Concluons donc que la loi des XII Tables, traitait des servitudes réelles, et que par suite, il n'y a pas de raison pour refuser de leur appliquer le texte de Gaius.

L'*iter* et l'*actus* n'avaient pas de largeur légale : en fait l'*iter* était de deux pieds et l'*actus* de quatre. Il y avait aussi ce qu'on appelait *semita* qui était un diminutif de l'*iter* et qui n'était que d'un pied.

Quant à la *via* elle n'était pas toujours de la largeur légale, elle pouvait être ou plus large ou plus étroite; néanmoins elle devait être assez large pour qu'une voiture puisse y passer, sinon il y avait *iter* et non *via*. (T. III, l. 23) et (l. 13, t. I.)

CHAPITRE III

RÈGLES GÉNÉRALES RÉGISSANT LA SERVITUDE DE PASSAGE.

I. Le fonds servant doit être de quelque utilité ou agrément pour fonds dominant. Conséquences.
II. Le propriétaire du fonds servant ne peut pas être contraint *ad faciendum*.
III. La servitude de passage doit avoir une cause perpétuelle.
IV. Elle est indivisible.
V. Peut-elle être hypothéquée?
VI. Elle ne peut être aggravée.

Après avoir examiné quels étaient les caractères distinctifs des trois servitudes de passage, nous avons à énumérer les règles qui leurs sont communes; aussi à l'avenir, nous nous servirons du terme général, servitude ou même droit de passage.

Le droit de passage étant une servitude prédiale rurale, il en résulte qu'il est soumis aux règles générales qui régissent cette matière; d'autres lui sont plus spéciales. Examinons les principales.

I. Nous avons vu que pour qu'il y ait servitude réelle, il faut qu'il existe deux fonds, c'est ce que disent les Instituts loi II, t. 3. Il faut en outre que la servitude soit de quelque utilité ou agrément pour le fonds dominant; ainsi dans notre espèce il n'est pas besoin que les deux fonds soient voisins, il suffit que le droit de passage puisse s'exercer sur le fonds servant : « Si intercedat solum publicum vel via publica, non itineris, actus ve, servitutem impedit (l. 1, t. II). Donc si on était séparé du fonds par un terrain qu'on ne pourrait traverser, la stipulation de servitude serait nulle pour défaut de cause et d'intérêt (Cicéron *de officiis* livre 1, ch. 10.) Il faut de plus pour qu'il y ait servitude que la constitution soit faite en vue du fonds lui même et non en faveur de tel ou tel propriétaire de ce fonds sinon il n'y aurait qu'obligation personnelle.

En effet les servitudes prédiales sont des qualités faisant partie des deux fonds (*qualitates prædiis impressæ*) comme le dit Pothier ; aussi la servitude établie en faveur d'un immeuble le suit toujours entre les mains de l'acquéreur, quoiqu'il n'ait été rien convenu à cet égard.

Cependant il pourrait se faire, que la volonté des parties transformât une servitude ordinairement réelle en servitude personnelle ; mais jusqu'à preuve contraire la servitude sera présumée réelle, cela résulte de nombreux textes que nous trouvons au Digeste.

De ce qu'il faut que la servitude soit utile au fonds dominant, il s'en suit d'une part que le propriétaire de ce fonds a le droit de faire tout ce qui est nécessaire pour en user, ainsi il peut réparer la voie et l'entretenir (D. VIII, 4, 2) et d'autre part que le propriétaire du fonds servant ne peut apporter aucun obstacle à l'exercice de cette servitude, ainsi il ne peut s'opposer à ces travaux; c'est ce que dit la loi 13, III « Si totus ager itineri aut actui servit, dominus in eo agro nihil facere potest, quo servitus impediatur.

II. Le propriétaire du fonds servant n'est tenu que de subir l'exercice de la servitude, il n'est jamais tenu *ad faciendum.* Ainsi nous venons de voir qu'il ne peut s'opposer aux travaux faits par le propriétaire du fonds dominant, mais ce dernier ne peut pas le contraindre à les faire. En effet « servitutum non ea natura est ut aliquid faciat quis, sed ut aliquid patiatur aut non faciat (VIII, I, loi 15.) Il pourrait cependant arriver que le propriétaire du fonds dominant n'eût pas ce droit de réparation, s'il en avait été ainsi convenu dans le titre constitutif. C'est ce qu'Ulpien nous dit au Digeste sous le titre *de itinere actuque privato* (Livre 43, titre 20 loi 3 § 13) « fieri potest ut jus eundi habeat et agendi, reficiendi non habeat, quia in servitute constituenda cautum sit, ne ei reficiendi jus sit. »

III. La servitude de passage doit avoir une cause perpétuelle. Cette perpétuité qui à Rome était de l'essence des servitudes, a donné lieu à des difficultés dans l'application et toutes les discussions qui ont eu lieu sur ce sujet n'ont abouti qu'à la constatation de nombreuses contradictions dans les textes. Qu'entendaient les Romains par ces mots *causa perpetua?* M. Demangeat nous en donne cette définition : « C'est un état de choses naturel et permanent, tel que la servitude peut être exercée indépendamment d'un travail du propriétaire du fonds servant, et tel que l'exercice actuel ne rende pas impossible l'exercice futur. » M. Demolombe nous a donné une définition qui me paraît plus claire : « La perpétuité de la cause, dit-il, exprime cette idée qu'il fallait que le fonds servant pût servir le fonds dominant sans discontinuation, lorsqu'il y avait lieu d'exercer la servitude; » cette cause était inhérente à la nature du fonds servant sans qu'il y eût à voir si le fait de l'homme était ou n'était pas nécessaire à l'exercice de la servitude. Il ne faut donc pas confondre la perpétuité de la cause avec la continuité de la servitude. Par suite de cette règle, on ne pouvait avoir une servitude de passage sur un fonds dont on était séparé par un fleuve non guéable et sans pont, car un bateau n'est pas une cause permanente de passage. Il paraîtrait que cette règle aurait été supprimée peu à peu, d'abord par le droit prétorien, puis par les constitutions impériales.

IV. Les servitudes réelles sont indivisibles. En quel sens doit-on entendre cette règle? Le droit de servitude considéré en lui-même ne peut exister en partie, il existe ou il n'existe pas, et dès qu'il existe il est complet. Il serait impossible de comprendre qu'un droit de passage pût exister pour partie seulement au profit d'un fonds indivis. Nous avons vu en effet que la servitude est une qualité du fonds dominant, et si l'on suppose ce fonds appartenant par indivis à deux propriétaires, on ne peut supposer qu'elle soit utile à l'un et non à l'autre, qu'elle affecte une portion indivise d'un tout homogène sans affecter le tout. Mais considéré au point de vue de son objet, le droit de servitude est susceptible de parties. Ainsi la servitude de passage pourrait être limitée et on pourrait convenir qu'elle ne servira que pour un certain genre de culture, *certo generi agrorum*, comme les vignes, par exemple, et si le propriétaire qui y a droit en use pour autre chose, il sera passible de l'action de dol. (Titre VIII, III, loi 13.)

V. Une servitude étant une qualité inhérente à un fonds ne peut en être détachée ni transportée d'un héritage à un autre : on ne pourra donc hypothéquer la servitude sans le fonds. Que signifie alors la règle que nous avons exposée, à savoir que les servitudes rurales et particulièrement les servitudes de passage étaient susceptibles de gage et d'hypothèque? Un texte de Pomponius répond à cette question; il en résulte que celui qui sera créancier d'une certaine somme sur le propriétaire d'un immeuble pourra stipuler que si ce dernier ne le paie pas à telle date, une servitude de passage sera créée sur cet immeuble au profit de l'un des fonds voisins. Ce créancier pourra retirer une partie de sa créance ou même sa créance tout entière en vendant ce droit de servitude à l'un de ces voisins. Il se peut en effet que ce droit de passage leur soit d'une grande utilité. (D. 22, 1, 12.)

VI. Enfin il est un principe général qui règle les rapports des propriétaires des deux fonds, c'est que de même que le maître du fonds servant ne peut apporter aucun obstacle à l'exercice de la servitude, de même celui qui y a droit ne peut rien faire qui l'aggrave et qui soit une charge plus lourde pour le fonds servant. Cette règle résulte de nombreux textes qui en font l'application à des cas particuliers. Ainsi celui qui n'a que l'*iter* ne pourra passer en voiture; celui qui ne peut passer que pendant le jour ou à certaines époques ne pourra pas passer pendant la nuit, ou à d'autres époques; si le passage est fixé par un endroit du fonds servant, on ne pourra pas passer par ailleurs, encore bien que cela fût plus facile (titre I, livre 9) dans tous les cas, la servitude devra s'exercer à moins de dommage faisant (titre I, loi. 9).

CHAPITRE IV

ACQUISITION DE LA SERVITUDE DE PASSAGE.

I. Qui peut constituer ou acquérir cette servitude. Conséquences de l'indivisibilité de la servitude.
II. Modes d'acquisition :
1° Ancien droit;
2° Droit prétorien;
3° Droit de Justinien.
III. La servitude peut être établie à terme ou à condition.

Avant d'aborder les modes d'acquisition d'une servitude de passage, en droit Romain, il importe de poser quelques règles préliminaires, qui sont générales à cette matière.

I. *Qui peut constituer ou acquérir la servitude de passage.* — Il est évident que le propriétaire étant le souverain maître de son fonds ayant le *jus abutendi* et pouvant le détruire à son gré, pourra seul le grever d'une servitude. Mais de même que tout propriétaire ne peut pas aliéner, de même tous ne peuvent pas constituer une servitude; ainsi sont dans ce cas : les mineurs, les interdits, les femmes mariées (D. VIII, II, l. 5). Il faut être propriétaire et capable de contracter. L'usufruitier par suite, ne pourra concéder une servitude, et ce qui est plus étrange, c'est qu'il ne le pourra pas, quand même il en aurait obtenu l'autorisation de la part du propriétaire, cela résulte d'un texte d'Ulpien (D. livre VII, titre I, loi 15 § 7). « Proprietatis dominus ne quidem consentiente fructuario, servitutem, imponere potest. » Nous pourons donc dire, qu'en règle générale, le plein propriétaire capable d'aliéner, peut seul concéder une servitude de passage.

Mais il n'en est pas de même de l'acquisition d'une servitude au profit du fonds; suivant Julien, le propriétaire peut parfaitement acquérir une servitude, même malgré l'usufruitier. Quand à ce dernier, il ne peut en créer pour le fonds dont il a la jouissance, mais il conserve celles qui sont établies, par l'usage qu'il en fait (D. livre VII, titre I, loi 15, 7).

Lorsque plusieurs personnes sont co-propriétaires d'un fonds, aucune d'elles, ne peut imposer une servitude de passage au fonds commun, sans le consentement des autres. C'est une conséquence de ce principe, que la servitude est indivisible et qu'elle ne saurait exister pour partie. Néanmoins, si une telle servitude avait été constituée, elle ne serait pas nulle, mais l'exercice en serait suspendu, tant que les co-propriétaires n'auraient pas donné leur consentement. Aussi, celui qui l'aurait accordée ne pourrait pas empêcher de son chef, le concessionnaire d'en jouir (VIII, 3. 11). Cependant pour que la servitude de passage existât, il faudrait, rigoureusement, que la cession en fût faite par tous les co-propriétaires à la fois. Mais Paul nous apprend qu'on a admis (*receptum est*) que le dernier acte de cession suffisait, si à cette époque tous consentaient; (sed pereinde habetur atque si post cùm postremus cedat, omnes cessissent.) Le droit de passage aura donc lieu à partir de ce moment; il n'aura pas d'effet rétroactif; j'en conclus que ceux qui les premiers avaient cédé ce droit, doivent encore être propriétaires au moment où intervient ce dernier acte, puiqu'ils sont censés faire, à ce moment, une nouvelle cession.

De même, si le propriétaire unique d'un fonds, veut constituer un droit de passage au profit d'un autre fonds indivis entre plusieurs co-propriétaires, il devra le promettre à tous les co-propriétaires, pour qu'il puisse exister. En effet un seul des co-propriétaires ne pourrait stipuler au profit du fonds une servitude, car en droit romain on ne peut stipuler pour autrui : « Si unus ex sociis, dit Paul, iter ad communem fundum stipuletur inutilis est stipulatio (3, 19). » Cependant on a admis que cet acte sera considéré comme valable, lorsque tous les autres co-propriétaires auront stipulé séparément, au profit du fonds indivis, la même servitude.

Cette constitution de la servitude par concessions successives n'avait lieu que par acte entre vifs. Ainsi il en est autrement, si en mourant, deux co-propriétaires d'un fonds lèguent la même servitude de passage; il faut que les deux hérédités soient acceptées en même temps pour que le droit existe, si non le legs est inutile « Inutiliter dies legati cedit, nec enim sicut viventium et defunctorum actus suspendi receptum est. » (VIII, 4, 18.)

II. *Modes d'acquisition de la servitude de passage.* — La servitude de passage peut s'établir, soit par *translatio*, soit par *deductio* : lorsque je grève mon fonds d'un droit de passage au profit de mon voisin, il y a *translatio* de la servitude; lorsqu'au contraire j'aliène ma propriété en me réservant sur elle un droit de passage, il y a *deductio* de la servitude.

La servitude peut aussi être établie, soit *mortis causa*, soit *inter vivos*. Lorsqu'en mourant on lègue par testament à son voisin un droit de passage ou bien la propriété d'un fonds de terre, à condition qu'une servitude existera au profit de l'héritier, il y a dans ces deux espèces, établissement d'une servitude *mortis causa*; en outre, dans le premier cas il y a *translatio*, dans le second *deductio*.

Inter vivos, la servitude de passage peut être établie par différents modes d'acquisition, suivant que l'on se place sous l'empire ou du droit civil, ou du droit prétorien, ou du droit de Justinien. Il faut donc examiner qu'elles étaient les règles en vigueur dans chacune de ces trois époques.

ANCIEN DROIT CIVIL.

La servitude de passage peut s'acquérir par la *mancipation*, le *cessio in jure* et l'*adjudicatio*.

1° *Mancipation*. — Nous avons vu, chapitre I, que les servitudes rurales étant des *res mancipi*, la servitude de passage pouvait, par suite, être légalement établie par le principal mode solennel d'aliénation, c'est-à-dire par la mancipation. C'était une vente fictive faite en présence de cinq témoins, citoyens romains et pubères et d'un libripens (porte balance). Pour acquérir une servitude par mancipation, il faut être citoyen romain, il faut de plus qu'il s'agisse d'une servitude grevant un immeuble situé en Italie.

2° *Cessio in jure* A la différence de la *mancipatio* qui ne réclamait que la présence de témoins, la *cessio in jure* avait lieu devant le magistrat (*in jure*). Là le cessionnaire revendiquait comme sienne la servitude, le cédant ne le contredisait pas et le magistrat prononçait (*addicebat*).

3° *Adjudicatio*. Lorsqu'une action en partage (*familiæ erciscundæ* ou *communi dividundo* ou *finium regundorum*), avait été renvoyée par le magistrat, au juge (*judex*); il arrivait souvent que ce dernier, en divisant le fonds, grevait l'une des parties d'une servitude de passage, pour servir à l'exploitation d'une autre partie. La servitude existait ainsi par suite de l'adjudication des lots. Cependant cela ne pouvait avoir d'effet pour la constitution de la servitude, qu'autant que l'instance avait lieu entre citoyens romains et à Rome ou dans un rayon d'un mille autour de Rome. On disait alors qu'il y avait *judicium legitimum*, parceque c'était la seule juridiction qui produisit des effets en droit civil (D. X, 3, 18).

4° Tels étaient les modes légaux d'acquisition de la servitude de passage dans l'ancien droit. Il faut ajouter l'*usucapion* qui, à l'origine, s'appliquait aux servitudes et qui fut supprimée d'assez bonne heure. L'usucapion était un mode d'acquérir par la possession d'un an pour les meubles, de deux ans pour les immeubles. Elle pouvait être utile dans deux cas : 1° lorsqu'on avait reçu une chose *mancipi*, par exemple une servitude, autrement que par l'un des modes d'acquisition reconnus par le Droit Civil; dans ce cas l'usucapion vous rendait propriétaire; 2° lorsqu'une personne recevait de bonne foi et par un juste titre, une chose soit *mancipi*, soit *nec mancipi*, *a non domino*, c'est à dire de quelqu'un qui n'en était pas propriétaire, elle n'avait sur cette chose qu'un simple droit de possession; mais si cette possession se prolongeait pendant le délai de l'usucapion, elle se transformait en une véritable propriété. On présumait un consentement tacite de la part du véritable propriétaire, et d'ailleurs il était de l'intérêt général qu'au bout d'un certain temps, les droits établis de bonne foi et exercés publiquement, ne pussent être contestés.

Cependant cette manière d'acquérir une servitude, parut un abus; ce délai de deux ans était manifestement trop court, surtout si l'on considère que dans notre espèce, il s'agissait d'une servitude dont l'usage n'était pas continuel, d'une servitude qui souvent existait sans qu'aucun signe apparent vint la révéler. Aussi à une époque qui ne nous est pas bien connue, probablement en l'an 721 de la fondation de Rome, on porta la loi Scribonia, qui supprima l'usucapion des servitudes. Néanmoins l'usucapion continua de s'appliquer à la propriété des immeubles et celui qui usucapait un immeuble, acquérait en même temps les servitudes de passage et autres qui pouvaient appartenir à cet immeuble (Ulpien, l. 10, § I, D. De Usurp.).

5° De ce que les servitudes rurales étaient *res mancipi* et soumises aux règles du droit civil, il résultait qu'il ne pouvait exister de véritables servitudes sur les fonds provinciaux. Aussi on se servait d'un expédient, on avait recours à des pactes suivis de stipulations : *Primus* accorde à *Secundus* par un simple pacte une servitude de passage; c'est une convention non obligatoire; mais *Primus* promet en outre par stipulation, qu'au cas où il apporterait un obstacle à l'exercice de la servitude, il paierait une certaine somme d'argent. On voit qu'il y a là plutôt une obligation qu'une véritable servitude; aussi plus tard, les propriétaires du fonds servant pourront soutenir qu'ils ne sont pas obligés, et ils auront le droit de s'opposer au passage.

DROIT PRÉTORIEN.

Il modifie le droit civil; il admet que les servitudes sont susceptibles d'une quasi-possession et qu'elles peuvent s'établir :

1° Par une *quasi tradition*. Lorsqu'une servitude constituée par pactes et stipulations était exécutée, le préteur considérant qu'il y avait quasi tradition, protégeait la possession par des interdits et l'action publicienne (Ulp. III, l. 1). Javolenus dit : « Ego puto usum ejus juris, pro traditione possessionis accipiendum esse.

Ideoque et interdicta veluti possessoria constituta sunt. » (D. I, l. 20.)

2° Par la *possessio longi temporis*. Elle remplace l'usucapion du droit civil. Lorsque le possesseur d'une servitude est troublé dans l'exercice de son droit, le préteur lui accorde des interdits et l'action publicienne. Il suffit pour avoir droit à cette protection que la possession soit de bonne foi, publique et qu'elle ait duré sans interruption pendant un certain temps. Le juste titre n'est pas exigé. (l. 10, t. V, VIII, D.)

3° Par la *réserve* de la servitude dans la tradition de la propriété. En droit civil lorsqu'on aliénait un immeuble par simple tradition, l'acquéreur devenait immédiatement propriétaire, si cet immeuble était une *res nec mancipi*; si c'était une *res mancipi*, la propriété s'acquérait par l'usucapion. Mais lorsqu'en même temps l'aliénateur se réservait un droit de passage ou toute autre servitude rurale, cette réserve était inutile, car cette servitude ne pouvait s'acquérir par tradition. En droit prétorien cette réserve est valable. (Loi 6, t. IV; — loi 19, t. I; — lois 34, 35, 37, t. II.)

4° Par l'*adjudication*. De même que la servitude de passage résultant de l'adjudication faite dans un *judicium legitimum* était protégée par le droit civil, de même le droit prétorien maintenait celle qui était établie par l'adjudication faite dans un *judicium imperio continens*. Si familiæ erciscundæ, vel communi dividundo actum sit, adjudicationes prætor tuetur, exceptiones aut actiones dando. » (Livre X, t. II, loi 44.)

Nous dirons plus tard quelles étaient ces actions et exceptions accordées par le préteur.

DROIT DE JUSTINIEN.

Justinien ayant aboli la distinction qui existait entre

les *res mancipi* et les *res nec mancipi*, ainsi que toute différence entre le sol romain et le sol provincial, la *cessio in jure* et la mancipation sont devenues inutiles et ont été remplacées par la simple tradition; quant au droit prétorien il n'existe plus ou plutôt il est devenu le véritable droit civil. Aussi Justinien nous dit que les servitudes s'acquièrent entre vifs par les pactes et les stipulations. Nous allons voir qu'il faut y ajouter plusieurs autres modes d'acquisition.

1° *Pactes et stipulations*. Il est inutile de revenir sur ce qui en a déjà été dit. Sous Justinien, ces pactes changent-ils de caractère et sont-ils suffisants pour constituer un véritable droit réel? Ne faut-il pas, pour qu'il en soit ainsi, qu'on y joigne la quasi tradition de la servitude? Cette question a donné lieu à une discussion fort animée. Il est certain, d'un côté, que les Instituts semblent dire que le pacte suivi de stipulation suffira; il est non moins constant que la loi 3, livre VIII, titre I, est conforme à ce texte des Instituts : « Si quis velit usumfructum constituere, pactionibus et stipulationibus id efficere potest. » Mais que veut dire ce mot *constituere*; veut-il dire constituer un droit réel? Nous n'en savons rien, car il est employé quelquefois pour désigner l'effet d'un legs *per damnationem*, or on sait que cette espèce de legs ne produit qu'un simple droit de créance.

Pour moi, j'adopterai l'opinion qui soutient que par lui-même, le pacte suivi de stipulation ne produit qu'une obligation, et que la quasi tradition peut seule constituer un droit réel de servitude. Je ne puis admettre en effet, qu'en droit romain où la simple convention ne peut transférer la propriété, où il faut qu'il y ait tradition, livraison de la chose, cette même convention puisse suffire à transférer une servitude, c'est-à-dire un démembrement, une partie de cette propriété.

2° *Réserve du droit de servitude dans la tradition de la propriété.* La tradition est sous Justinien, un moyen d'acquérir reconnu par le droit civil, et la servitude étant susceptible de quasi tradition, peut exister sans qu'il soit besoin de recourir à la protection du préteur.

3° *Adjudication.* Il n'est plus besoin de distinguer s'il y a *judicium legitimum* ou non, tous les jugements sont rendus par le magistrat lui-même, la procédure formulaire étant abolie.

4° *Long usage* ou prescription *longi temporis.* — La *possessio longi temporis* est conservée, mais avec quelques modifications puisées dans l'ancienne usucapion. Ainsi pour qu'elle ait lieu, il faut que l'usage ait existé en vertu d'un juste titre, de bonne foi et pendant un délai de dix ans entre présents et 20 ans entre absents. Quelques anciens auteurs ont soutenu que les servitudes urbaines seules étaient prescriptibles, parce qu'elles offraient un caractère de continuité que n'avaient pas les rurales. Je pense que cette distinction ne doit pas être admise, car de nombreux textes disent que les servitudes rurales s'acquièrent par la possession, et quant au droit de passage, le préteur l'avait protégé, avant Justinien, par l'interdit de *itinere actuque privato.*

III. La servitude de passage peut-elle être établie à terme ou à condition? Tout d'abord on doit faire une observation : Lorsqu'on constitue la servitude par *mancipatio, cessio in jure* ou *adjudicatio*, on ne peut reculer la naissance du droit par l'adjonction d'une modalité, cela rendrait l'opération complètement nulle. En effet il résulte des fragments du Vatican, § 48, que *nulla legis actio prodita est de futuro* (Paul). Au contraire, si on convient que le droit existera jusqu'à une certaine époque, cette convention est valable. Il faut donc laisser de côté le mode de constitution, et examiner, si la servitude est par elle-même, eu égard à sa nature, à ses caractères, susceptible d'une modalité.

Deux opinions ont été présentées : la première se base sur le texte de Papinien : « Servitutes ipso quidem jure neque ex tempore, neque ad tempus, neque sub conditione, neque ad certam conditionem (verbi gratia, *quandiu volam*) constitui possunt, sed tamen, si hæc adjiciantur pacti, vel per doli exceptionem occurretur, contra placita servitutem vincanti. » (Loi 4, titre I). La servitude de passage n'est pas susceptible en droit civil de modalités ; mais le préteur a accordé l'exception de dol pour faire respecter la convention. En effet les servitudes réelles sont perpétuelles comme les fonds auxquels elles sont attachées, et par suite toute limitation de temps est contraire à leur nature. Si le préteur intervient, ce n'est que dans un but d'équité et pour faire respecter une convention.

La seconde opinion soutient qu'il faut voir quel est le mode de constitution qui a été adopté ; l'adjonction d'une modalité ou d'une condition sera valable si cette manière d'acquérir ne s'y oppose pas. On invoque dans ce sens un texte de Marcellus, qui à propos du droit de passage, semble dire tout le contraire de Papinien. Lequel adopter de ces deux textes ? Dans le doute je pense qu'il faut s'en tenir aux principes du droit et dire que la servitude est perpétuelle comme le fonds dont elle est un accessoire et dont elle fait partie.

CHAPITRE V

EXTINCTION DE LA SERVITUDE DE PASSAGE

Le droit civil reconnait cinq cause [illegible] ation de la servitude de passage :

I. *Non-usage.*

Le non-usage est de toutes les causes d'extinction la plus importante au point de vue des difficultés qu'elle soulève.

Plusieurs conditions sont nécessaires pour conserver la servitude de passage : il faut qu'il y ait usage réel, usage intentionnel, et enfin que cet usage ait eu lieu dans un certain délai. « Viam, iter, actum, qui biennio usus non est, amisse videtur. » (Paul).

1° La servitude se conserve par l'usage qu'on en fait; peu importe d'ailleurs qu'elle soit exercée par le propriétaire lui-même ou par ses représentants : « Nous conservons la servitude par nos associés, notre usufruitier, par le possesseur de bonne foi, » dit la loi 5, titre VI; et la loi 20: « la servitude se conserve par l'usage, lorsqu'elle est exercée par celui à qui elle est due, ou par celui qui en est en possession, ou par un homme à gages, ou par hôte, ou par un médecin, ou par celui qui vient vous rendre visite, ou par un fermier ou par un usufruitier. » (Loi 20, titre VI, D.) En un mot dès que le fonds à qui la servitude est due, ne l'emploie plus pour son usage, son utilité ou son agrément, la prescription par non-usage commence à courir. La servitude sera même conservée par un possesseur de mauvaise foi. (Loi 24, titre VI.) — La servitude étant conservée par un étranger le sera à plus forte raison par l'exercice qu'en fera l'un des copropriétaires du fonds dominant; c'est d'ailleurs une conséquence de l'indivisibilité de la servitude.

2° Non seulement il faut qu'il y ait usage du passage pour empêcher la prescription de courir, il faut en outre que cet usage ait lieu à titre de servitude. Ainsi, si j'ai droit à une servitude de passage sur un fonds voisin et si je passe sur ce fonds par une voie que je crois publique, la prescription pourra très-bien courir contre moi. « Servitute usus non videtur, nisi is qui suo jure uti se credidit, ideoque si quis pro via publia vel pro alterius servitute usus sit, nec interdutum, nec actio utiliter competit (loi 25 titre VI). »

3° Après combien de temps la servitude est-elle perdue? Ce délai a varié suivant les époques; dans l'ancien droit il était de deux ans, c'était celui de l'usucapion; plus tard le préteur y ayant substitué le délai de la prescription *longi temporis*, Justinien consacra le droit prétorien dans une de ses constitutions que nous trouvons au Code (III. 34. 13) et fixa un délai de dix ans entre présents et vingt ans entre absents: « Censuimus, dit-il dans cette loi, ut omnes servitutes non utendo amittantur non biennio, quia tantummodo soli rebus annexæ sunt, sed decennio contra præsentes, vel vigenti spatio annorum contra absentes). »

Telles sont les seules conditions requises pour conserver les servitudes rurales et par suite le droit de passage. Pour exercer la servitude de passage, il faut un fait de la part du maître de la servitude, dès que ce fait cesse, la prescription commence à courir. Cependant plusieurs auteurs se basant sur une constitution de Justinien, ont soutenu que ce dernier avait exigé que le propriétaire du fonds servant manifestât son intention de prescrire, en faisant un acte contraire à l'exercice de la servitude. En effet, dit-on, voici ce que contient cette constitution : l'usufruit ne s'étendra qu'autant que « talis exceptio usufructuario opponatur quæ, etiamsi dominium vindicaret, posset eum præsentem vel absentem excludere. » (C. l. 16, III, 33.) Or, pour qu'un propriétaire perde son droit, le simple délai de dix ou vingt ans ne suffit pas, il faut de plus qu'une autre personne se soit mise en possession de l'immeuble; donc l'usufruit ou la servitude ne seront perdus qu'autant qu'on aura fait quelque chose de contraire à leur existence. Quelque concluant que puisse paraître ce raisonnement, je crois qu'on ne peut l'admettre, pour deux raisons. La première c'est que ce texte ainsi entendu remplacerait presque toujours le délai de dix ans ou de vingt ans par la prescription de trente ans. En effet pour prescrire la propriété sans juste titre ni bonne foi il faut trente ans et si le propriétaire du fonds servant, en faisant un acte contraire à l'exercice de la servitude, est de mauvaise foi, ce qui arrivera souvent, son héritage ne sera libre qu'au bout de trente ans. Or, contrairement à ce seul texte il y en a beaucoup qui ne parlent que du délai de dix ou vingt ans.

La seconde raison que j'opposerai, c'est que c'est un an après la constitution qu'on invoque, que Justinien a fixé le délai de la prescription des servitudes et qu'il nous dit : « omnes servitutes non utendo amittuntur..... decennio etc. »

Je conclus donc ceci : la servitude de passage sera éteinte par le non-usage, par cela seul que le propriétaire du fonds dominant aura été dix ans ou vingt ans sans en user.

4° Jusqu'ici j'ai supposé que le non-usage provenait de la négligence ou de la faute du maître de la servitude; les mêmes règles devront-elles s'appliquer si ce non-usage résulte d'une force majeure ou de quelque autre impossibilité, et devra-t-on adopter la maxime *contra non valentem agere, non currit prescriptio?* Nous verrons qu'en droit français cette question est discutée; mais que cependant on admet généralement qu'il ne faut pas faire de distinction et que la prescription court quand même. L'ancien droit romain est plus juste, la rigueur du droit civil décide, il est vrai, que la servitude s'éteint dans tous les cas, mais on peut se la faire restituer par le préteur. Si l'endroit, dit la loi 14, (titre VI, livre 8,) par lequel on vous devait la *via*, l'*iter* et l'*actus*, vous est enlevé par l'impétuosité d'un fleuve, et si les lieux reviennent à leur premier état avant le temps nécessaire pour perdre la servitude, cette servitude est rétablie (*in prestinum statum restituitur*), mais si ce temps est écoulé on est forcé de refuser la servitude (*revocare eam cogendus est*). Mais nous trouvons un autre texte qui modifie celui-ci, c'est un rescrit rapporté par Paul, il parle de la servitude d'aqueduc et nous y lisons ces mots : « Petierunt a me ut, quod jus non negligentia aut culpa sua amiserant sed quia ducere non poterant, his restitueretur, quorum mihi postulatio, cùm non iniqua visa sit.... id eis restitui placet. » (D. VIII, 3, 35.)

5° Pour être logique, il faudrait décider que puisque le non-usage total éteint la servitude tout entière, l'usage modifié, restreint, doit la modifier et l'éteindre en partie. Mais cette solution adoptée par notre Code civil français ne l'a pas été par le droit romain. A Rome, il suffit d'user de la servitude d'une manière quelconque pour la conserver tout entière. Ainsi il me suffit d'exercer en partie mon droit de passage sur un champ, pour empêcher toute prescription de courir : « qui per partem itineris it, totum jus usurpare videtur. » (Livre VIII, loi 8, t. VI.) Mais ce principe doit être bien compris, car il a donné lieu à des difficultés dans son application. Ainsi j'ai droit à la *via*, et je n'exerce que l'*iter*, je conserve néanmoins mon droit à l'*actus* et à la *via* ; (Loi 2, t. VI, l. VIII.) je passe par une partie du chemin, cela suffit pour que le fonds reste grevé en entier. Néanmoins si le fonds servant avait été divisé en deux parties appartenant à deux propriétaires distincts, le passage sur la première ne conserverait pas mon droit de servitude sur la seconde. Il faut exercer au moins une partie de son droit et non pas exercer un autre droit. En effet supposons que j'aie le droit de passer pendant le jour sur le champ de mon voisin et que depuis deux ans je n'y aie passé que pendant la nuit, il est arrivé ceci : en réalité je n'ai pas exercé la servitude à laquelle j'avais droit, elle est donc éteinte par le non-usage ; et d'autre part je n'ai pu acquérir la servitude dont j'ai usé, puisque l'usucapion ne s'applique pas aux servitudes depuis la loi Scribonia.

Si j'ai exercé tout mon droit, mais en l'amplifiant et en l'augmentant, si n'ayant que l'*iter* j'ai passé avec des charrettes, j'ai conservé ma servitude *iter*, mais je n'ai pas acquis la *via* ni l'*actus*.

II. *Perte de l'un des fonds.*

Il est évident que si l'un des fonds, soit dominant, soit servant vient à périr, l'exercice de la servitude de passage sera impossible. Si les lieux sont rétablis dans leur premier état avant que le délai de l'usucapion ou de la prescription soit accompli, la servitude revivra. Ce mode d'extinction n'en est donc pas véritablement un, c'est une simple suspension forcée dans l'exercice du passage, suspension qui pourra, en se perpétuant, devenir une extinction réelle. (*Voy. p.* 30, § 4.)

III. *Confusion.*

Lorsque les deux fonds entre lesquels existe la servitude de passage appartiendront au même propriétaire, la servitude sera éteinte. Nous avons vu en effet que pour qu'il y ait servitude, la principale condition est qu'il y ait deux fonds appartenant à deux propriétaires distincts, sinon le passage d'un champ sur l'autre n'est que l'exercice d'un droit de propriété. Mais pour que la servitude puisse s'éteindre ainsi, il faut que le copropriétaire de l'un des deux fonds acquière l'autre en totalité; s'il n'en acquérait qu'une partie ou une part indivise, la servitude subsisterait, car elle ne peut s'éteindre pour partie, vu son indivisibilité : « pro parte servitus retinetur. » (VIII, 3, 27.)

Au contraire il y a confusion, si tous les propriétaires d'un des fonds achètent l'autre fonds en commun. « Si communi fundo meo et tuo serviat fundus Sempronianus, et eumdem in commune redimerimus, servitus extinguitur. » (VIII, 3, 27.)

Est-il besoin de dire que si mon droit de passage existe sur plusieurs fonds, et que je n'achète que l'un de ces fonds, ma servitude continuera à grever les deux autres (VIII. 4. 16).

Si les deux fonds ont été réunis entre les mains du même propriétaire, la servitude est éteinte; mais revivra-t-elle lorsque l'un de ces fonds sera aliéné de nouveau? Non, l'acquisition par la destination du père de famille n'était pas admise, la loi 30 titre II le dit formellement : « Si rursus vendere vult, nominatim imponenda servitus est, alioquin (ædes) liberæ veniunt. »

IV. *Renonciation.*

Celui qui a droit à une servitude peut évidemment y renoncer. Cette renonciation est expresse ou tacite. La remise tacite peut résulter de diverses circonstances. Ainsi si je laisse mon voisin enclore son champ sur lequel j'ai un droit de passage, si je le laisse élever un mur ou une barrière en travers de la voie, ces faits seront considérés comme une renonciation de ma part. Si je laisse éteindre mon droit par le non-usage, je suis censé y avoir renoncé, c'est la base de ce mode d'extinction. Quant à la remise expresse elle s'opère devant le magistrat ; elle peut aussi résulter d'un testament, lorsqu'on lègue au propriétaire du fonds servant la liberté de son héritage.

Nous trouvons encore ici une conséquence du principe de l'indivisibilité de la servitude : c'est que lorsque le fonds dominant appartient par indivis à plusieurs propriétaires, la remise doit être faite par tous, pour produire effet.

V. *Résolution du droit du constituant.*

« Resoluto jure concedentis, resolvitur jus concessum, » Cette extinction n'est, à vrai dire, qu'une conséquence de la résolution du droit de propriété ; celui qui n'a qu'un droit précaire sur un immeuble ne peut transmettre des droits perpétuels sur cet immeuble, cela résulte de ce principe : « Nemo plus juris in alium transferre potest, quam ipse habet. » (L. 54, D. De reg. jur.) Aussi la loi 11, (VIII, VI) nous dit que « si un héritier à qui un fonds à été légué sous condition, a imposé des servitudes sur ce fonds, ces servitudes s'éteindront si la condition se réalise. Mais à l'inverse, lorsque la servitude a été acquise par un propriétaire dont le droit est rescindable, elle subsiste, car, dit Pothier, le propriétaire du fonds dominant a pu faire meilleure la condition de ce fonds par l'acquisition de la servitude.

CHAPITRE VI

ACTIONS RELATIVES A LA SERVITUDE DE PASSAGE

1. Action confessoire.
2. Action négatoire.
3. Action Publicienne.
4. Ne pourrait-il pas quelquefois y avoir lieu à l'exercice d'actions personnelles.

En droit romain on distingue deux actions réelles relatives aux servitudes; l'action confessoire et l'action négatoire.

1. L'action confessoire est celle par laquelle celui qui prétend avoir un droit de servitude sur un fonds, demande 1° qu'on lui reconnaisse son droit; 2° que le propriétaire de ce fonds soit condamné à en souffrir l'exercice; 3° qu'il paie des dommages-intérêts. Cette action pouvait être intentée non-seulement contre le propriétaire du fonds servant; mais encore contre toute personne qui contestait le droit de demandeur ou qui entravait le

libre exercice de la servitude. (VIII, 5, 4 § 5.) Si par exemple le propriétaire du fonds servant s'oppose à l'entretien de la voie, ou s'il a sur le bord de cette voie des arbres dont les branches rendent le passage difficile, on pourra lui intenter l'action confessoire. La formule de cette action était ainsi conçue : « Si paret Auli Agerii jus esse per vicini fundum eundi, agendi... » C'était donc au demandeur à prouver son droit; s'il faisait sa preuve, il obtenait condamnation.

Cette action était donnée au propriétaire de la servitude, soit qu'il fût en quasi-possession de son droit, soit qu'il en fût dépossédé. C'est là une différence entre cette action et la revendication de la propriété; l'action en revendication n'est en effet donnée qu'à celui qui n'est plus en possession de son immeuble. D'où vient cette différence et pourquoi en matière de servitude donner une action pétitoire à celui qui est en possession, tandis qu'une action possessoire suffirait pour protéger son droit?

Cela s'explique par une raison historique : en effet, on sait qu'à l'origine les servitudes n'étaient pas susceptibles de possession, aussi les interdits possessoires ne pouvaient leur être applicables; au contraire, le propriétaire investi de la possession de son immeuble, était protégé par des interdits. Plus tard on admit une quasi-possession des servitudes, le préteur accorda des interdits quasi-possessoires pour protéger cette possession; la servitude se trouva alors mise sur le même rang que la propriété, et l'action confessoire devint désormais inutile à celui qui était en possession de la servitude; cependant cette action subsista telle qu'elle était anciennement.

Nous verrons que néanmoins elle avait encore conservé une utilité, lorsqu'il s'agissait du droit de passage. En effet pour avoir droit à l'interdit *de itinere actuque privato*, il fallait prouver son droit et cette preuve ne pouvait se faire que par l'action confessoire.

II. L'action négatoire est donnée au propriétaire du fonds servant, contre ceux qui prétendent avoir et exercer un droit de servitude sur ce fonds. Il semblerait que cette action, par sa seule dénomination, serait une défense à l'action confessoire, mais il n'en est pas ainsi; c'est une action principale, réelle, par laquelle un propriétaire revendique le démembrement de propriété qu'on veut lui enlever.

La première condition pour y avoir droit, est d'être propriétaire du fonds servant. Ulpien le dit formellement dans les textes suivants : « Actiones de servitutibus rusticis eorum sunt quorum prædia sunt » (titre V, loi 1,) et « De servitutibus in rem actiones competunt nobis tam confessoria quam negatoria..... negatoria domino qui negat. » Comme l'action confessoire, elle appartient aussi bien à celui qui est en possession, qu'à celui qui est dépossédé; il suffit qu'il y ait quelque trouble ou quelque atteinte au droit de libre propriété. La formule de cette action était ainsi conçue : « Si paret Auli Agerii jus non esse, eundi, agendi... » Il en résulte que c'est au demandeur à faire la preuve de son droit. Mais en quoi consistera cette preuve; lui suffira-t-il d'établir qu'il est propriétaire de l'immeuble, ou bien lui faudra-t-il en outre, prouver dans notre espèce, que cet immeuble n'est pas grevé de la servitude de passage? Plusieurs systèmes ont été présentés, voici les deux principaux :

Premier système. La liberté est l'état ordinaire et normal de la propriété, et elle doit toujours être présumée, jusqu'à preuve contraire. Le demandeur n'a donc qu'une chose à prouver, c'est qu'il est propriétaire; le défendeur établira de son côté qu'il a droit à la servitude de passage, car, lui seul peut faire cette preuve;

comment en effet, le demandeur pourrait-il démontrer la non-existence d'une servitude de passage, cela est sinon impossible, du moins très-difficile.

Deuxième système. Le demandeur doit prouver qu'il est propriétaire, et en outre, qu'il ne doit pas de droit de passage sur son fonds. Au moyen d'un *interrogatio in jure*, le propriétaire demandera au défendeur de déclarer sur quel titre il se fonde pour réclamer son droit de passage, il n'aura plus alors qu'à prouver que ce titre n'existe pas.

Lequel adopter de ces deux systèmes?

Le premier est contredit par divers textes, notamment par la loi 16, titre I, livre XXXIX, D.

Le second est conforme aux principes du droit; il est l'application de la règle *Onus probandi incumbit actori* et le texte de la loi 15, I, 39, D., vient l'appuyer. Cette loi dit en effet que lorsque le défendeur ne fournit pas la caution *judicatum solvi*, il est à titre de peine, condamné à faire la preuve de la servitude. Or, si c'est là une peine, ce n'est donc pas la règle générale.

Les effets de cette action sont les mêmes que ceux de l'action confessoire. Le droit du propriétaire est reconnu, et même des dommages-intérêts peuvent lui être accordés.

III. En matière de servitude, l'action *Publicienne* est en droit prétorien, ce qu'est l'action confessoire en droit civil.

Lorsqu'une servitude de passage a été constituée non par un mode du droit civil, mais lorsqu'elle résulte soit de la simple quasi-tradition, soit de la *possessio longi temporis*; le préteur accorde l'action réelle publicienne pour la protéger, car les actions confessoires et négatoires ne peuvent s'appliquer qu'aux servitudes existant en droit civil.

De même si j'ai acquis *a non domino* une servitude de passage, et si un tiers veut m'empêcher de l'exercer, je pourrai intenter l'action publicienne. « Si de usufructu, dit Ulpien, tradito agatur, Publiciana datur. Itemque servitutibus urbanorum prædiorum... item rusticorum, nam et hic traditionem et patientiam tuendam constat (l. VI, II, 11.) »

Telles étaient les actions réelles soit civiles, soit prétoriennes, qui pouvaient s'appliquer à la servitude de passage. Dans certains cas il pouvait en outre y avoir lieu à l'exercice d'actions personnelles. En effet nous avons vu que lorsqu'un propriétaire transférait la propriété de son fonds à une autre personne, il pouvait réserver à son profit, une servitude de passage sur ce fonds. Si malgré cette clause il était troublé dans l'exercice de son droit, il pouvait intenter l'action *empti venditi*, agissant en vertu de la vente. De même nous avons vu que la servitude pouvait résulter de pactes suivis de stipulations; dans ce cas il y avait lieu à l'action *ex stipulatu*.

CHAPITRE VII

INTERDITS RELATIFS A LA SERVITUDE DE PASSAGE.

I. Combien y en a-t-il.
II. Interdit, Ut ire, agere liceat.
III. Interdit, de itinere actuque privato reficiendo.
IV. Interdit uti possidetis.

I. Les interdits n'ont trait qu'à la possession de la

servitude, à la différence des actions qui s'occupent du fond du droit.

A l'origine les servitudes n'étaient pas susceptibles de possession, les interdits par suite ne pouvaient leur être applicables. Mais lorsque le droit prétorien eut admis une quasi-possession des servitudes, il fut utile de créer des interdits quasi-possessoires. Deux interdits s'appliquent plus spécialement à la servitude de passage; on les dénomme ainsi : l'un *ut ire agere liceat,* l'autre *de itinere actuque privato.* Ils sont l'un et l'autre prohibitoires, c'est-à-dire qu'ils défendent de faire violence (*vim fieri veto*), à celui qui est en possession du droit de passage; c'est à ce dernier, par conséquent, qu'ils sont accordés. Nous verrons en outre, que le propriétaire du fonds servant pouvait recourir à l'interdit *uti possidetis*, pour empêcher tout trouble apporté à sa possession, par l'exercice d'une servitude de passage.

II. *Ut ire agere liceat.* — Cet interdit est ainsi conçu : « Quo intinere actuque privato quo de agitur, vel via, hoc anno nec vi, nec clam, nec precario ab illo usus es, quominus utaris, vim fieri veto. (XLIII, 19, 1.) Ainsi, le préteur ne recherche pas si c'est à bon droit que la servitude a été imposée, mais seulement si le droit de passage a été exercé pendant la dernière année, *nec vi nec clam nec precario.*

Il n'est pas nécessaire que l'on soit encore en possession, au moment ou l'on est devant le magistrat, il suffit qu'on y ait été pendant trente jours au moins, de la dernière année (loi 1, § 1 *eod*) « in ea conditione est ut ad tuitionem prætoris pertineat si modo, anno, usus est vel modico tempore; id est non minus quam trigenta diebus.

L'année se compte en arrière à partir du jour où l'instance a été intentée, c'est-à-dire, où le demandeur a réclamé la délivrance de l'interdit (loi I, § 10, eod.) Si l'usage du passage a été rendu impossible pendant la dernière année par une force majeure, telle qu'une inondation, l'interdit sera néanmoins accordé, car le préteur donnera une *restitutio in integrum* (si qua mihi justa causa esse videbitur); l'année sera comptée alors, en remontant en arrière, à partir du premier jour de l'empêchement forcé. (Loi I, § 9, eod.)

Les personnes qui conservent la servitude en jouissant au nom du propriétaire (v. *p.* 27), donnent à ce dernier le droit d'invoquer l'interdit. Cependant il y a une exception. Le nu-propriétaire conserve son droit de passage par l'usage qu'en fait l'usufruitier; mais ce dernier a seul le droit de recourir à l'interdit tant que dure son usufruit, car cet interdit est joint à la possession. Il a pour but de la protéger et d'y maintenir celui qui y a droit; or le nu-propriétaire n'a actuellement aucun droit à cette possession, qui appartient exclusivement à l'usufruitier.

III. *De itinere actuque privato reficiendo.* En voici la formule : « Quo itinere actuque hoc anno, non vi, non clam, non precario ab alio usus es; quominus id iter actumque, ut tibi jus esset, reficias, vim fieri veto. Qui hoc interdicto uti volet, is adversario damni infecti, quod per ejus vitium datum sit, caveat. (Loi 3, § 11, eod.)

Comme on le voit, cet interdit est accordé au propriétaire d'une servitude de passage, afin qu'il puisse réparer et entretenir la voie. C'est une conséquence du précédent : il est logique que celui qui a le droit de se faire mettre et maintenir en possession du passage, ait aussi le droit de réparer ce passage (Id. 12, eod.); le premier droit pourrait quelquefois être en fait inutile si l'on n'avait pas le second.

Cet interdit exige les mêmes conditions de possession que le précédent, mais en outre, celui qui réclame celui-ci, doit prouver son droit. « Qui hoc interdicto utitur duas res debet docere : et hoc anno se usum et ei servitutem competere. » Le texte de la loi nous en donne le motif qui ne nous paraît pas très-concluant : « Enimvero qui vult reficere, aliquid novi facit, neque debet ei in alieno permitti id moliri, nisi vere habet servitutem. » Par suite, le propriétaire du fonds dominant seul y a droit, car lui seul peut avoir la propriété de la servitude. Encore n'y aura-t-il pas toujours droit, car on a pu convenir, en constituant la servitude, qu'il n'aura pas le droit de réparation ; dans ce cas, le préteur s'en référera à la convention des parties.

En outre, l'interdit exige que le demandeur donne la caution *damni infecti* au propriétaire du fonds servant, afin que ce dernier soit indemnisé des dégradations qui pourraient résulter de la confection des travaux. (l. 5, § 4, eod.).

IV. Tels sont les deux interdits accordés à celui qui prétend exercer un droit de passage. Celui qui était en possession du fonds servant, n'avait pas d'interdit spécial protégeant sa possession contre le trouble qu'y apporterait l'exercice d'un droit de passage. Mais il pouvait recourir à l'interdit *uti possidetis*, qui concernait exclusivement la possession des choses immobilières, des fonds de terre et des maisons, sa formule était ainsi rédigée : « Uti nunc possidetis, quominus ita possideatis, vim fieri veto. » La seule condition exigée pour y avoir droit, est que l'on soit en possession *non vi, non clam, non precario*. Cet interdit est ordinairement double, c'est-à-dire qu'il s'adresse aux deux parties (*uti possidetis*) et que le demandeur peut aussi bien être condamné que le défendeur. Mais dans notre espèce il est simple, car il n'est donné qu'au possesseur du fonds servant, et non à celui qui réclame le passage. S'il avait pu être invoqué par ce dernier, l'interdit *ut ire agere liceat*, n'aurait eu aucune utilité, et il eût été inutile de le créer. L'interdit *uti possidetis* n'était accordé dans ce cas que *(utilement)*, c'est-à-dire par extension et pour cause d'utilité. Le préteur en modifiait la formule, et disait probablement : *Uti possides, quominus ita possideas vim fieri veto.* Mais c'est là une simple supposition, car aucun texte ne nous le révèle.

APPENDICE

Nous n'avons parlé jusqu'ici que des servitudes de passage, résultant de la convention des parties; voyons maintenant s'il n'existait pas aussi certaines servitudes de passage, résultant de la loi et établies soit dans un intérêt général, soit dans un but d'équité.

Sans nous occuper du passage considéré comme l'accessoire d'une autre servitude, telle que celle de puiser de l'eau ou d'abreuver un troupeau, ou de le faire paître, ou de cuire de la chaux, ou d'extraire du sable, nous voyons qu'il existe quelquefois en vertu d'une loi ou d'une décision judiciaire.

I. *Passage pour accéder à un sépulcre enclavé* (livre XI, titre VII, loi 12)

A Rome, les sépultures n'étaient pas réunies dans un même endroit, et chaque famille en avait une spéciale, dans un lieu qui était *res religiosa*, et par suite inaliénable. Mais il arrivait souvent que le terrain qui entourait ce sépulcre était aliéné, et qu'ainsi les citoyens ne pouvaient plus parvenir au lieu où reposaient leurs ancêtres, si le droit de passage n'avait été expressément réservé. La loi alors intervenait et accordait ce droit moyennant une indemnité : « Si quis sepulchrum habeat, viam autem ad sepulcrum non habeat et a vicino ire prohibeatur, Imperator Antoninus cum patre rescripsit, iter ad sepulchrum peti precario et concedi solere. » Et cette loi continue en nous disant que ce droit peut être réclamé, non par une simple action, mais par une action extraordinaire (*extra ordinem interpelletur*), c'est-a-dire que le magistrat jugera lui-même sans renvoyer devant le *judex*. Enfin elle ajoute qu'une indemnité sera payée en proportion du dommage que ce passage pourrait causer au fonds servant.

De même que le lieu du sépulcre était inaliénable, de même le passage pour y accéder, ne pouvait pas se perdre par non-usage (VIII, titre VI, loi §).

Les rédacteurs de notre Code Civil ont pris là, l'origine de la servitude légale de passage ; ils ont généralisé le principe du Droit Romain.

II. *Passage accordé au propriétaire pour ramasser les fruits tombés de son arbre sur le fonds voisin* (livre XLIII, titre XXVIII)

L'édit du préteur, rapporté par le Digeste, est ainsi conçu : « Glandem quæ ex illius agro in tuum cadat, quominus illi tertio quoque die legere, auferre liceat, vim fieri veto. » Et la loi ajoute : « Gaudis nomine, omnes fructus continentur. » Ainsi la loi créée un droit de passage au profit du propriétaire de l'héritage dont les fruits sont tombés chez le voisin. Ce droit est temporaire, il ne peut être exercé utilement que pendant les trois jours qui suivent la chute des fruits. Cette servitude peut présenter de nombreux inconvénients, aussi notre code a évité de la reproduire.

III. *Passage sur la propriété voisine, lorsque la voie publique est impraticable* (L. VIII, titre VI, loi 14),

« Si la voie publique, dit la loi, est détruite, soit par un fleuve, soit par une autre cause, le voisin le plus proche doit me fournir un passage. » Cette servitude admise en vue de l'utilité publique est due par les fonds voisins, sans qu'il y ait lieu à une indemnité. C'est là une différence importante entre la loi romaine et la loi française qui a établi une disposition semblable dans la loi du 28 septembre, 6 octobre 1791 (titre I, art. 6, 2 — et titre II, art. 41.)

Mais la loi romaine se comprend facilement, en effet, les voies publiques classées sous plusieurs dénominations *regales, militares, consulares,* qui allaient de ville en ville, ou à la mer et aux rivières, et *vicinales quæ in vicos ducunt,* qui allaient de village en village, devaient être entretenues et réparées par les propriétaires contigus. Aussi s'ils négligeaient de le faire, ils n'avaient pas à se plaindre qu'on passât sur leur propriété. Cependant cette explication très logique, lorsque la voie publique est impraticable par suite du défaut d'entretien, ne doit pas être admise en cas de force majeure, et lorsqu'aucune faute ne peut être imputée aux propriétaires voisins. Le plus souvent ils auront les premiers à souffrir de cet état de choses, et, de plus, ils seront tenus de laisser leur propriété ouverte, afin de fournir un libre passage. Pourquoi donc ne pas leur donner une indemnité?

ANCIEN DROIT FRANÇAIS

DU DROIT DE PASSAGE

SOUS LA COUTUME DE NORMANDIE.

I. Cest sous le titre XXIV, art. 607, que les commentateurs de la coutume de Normandie, plaçent l'exposition des règles concernant la servitude de passage, quoiqu'il n'en soit aucunement parlé dans ce titre. Il est en effet une chose remarquable, c'est que la coutume de Normandie, comme la coutume de Paris, ne s'occupe que des servitudes urbaines. Faut-il voir là un oubli, ou bien s'en est on référé aux règles consacrées par l'usage et spéciales à chaque pays? Je crois que c'est sciemment, que cette matière a été laissée de côté : en effet, il ne faut pas oublier que les coutumes n'étaient pas des recueils ayant pour but, comme nos codes, d'embrasser toutes les lois existantes, mais qu'elles se contentaient de traiter des unes, tout en laissant complétement de côté certaines autres. En outre, Pesnelle, sous l'art 610 de la coutume de Normandie, nous dit que les rédacteurs de cette coutume, ont considéré les droits de servitudes rurales, comme des engagements naissant du voisinage et soumis aux règles ordinaires des conventions.

« Cependant, dit Basnage, la connaissance des servitudes rustiques n'étant pas moins nécessaire que celle des servitudes urbaines, il ne sera pas inutile de dire quelque chose des servitudes rustiques qui sont le plus en usage et les plus ordinaires. »

Les règles s'appliquant à notre sujet, provenaient donc en Normandie, de deux sources, du droit romain et de l'usage. Aussi un grand nombre de règles que nous avons expliquées, reçoivent ici une nouvelle application : il me suffira de les citer.

Les servitudes réelles se divisaient d'une part en urbaines et rurales, nous avons vu ce que signifiaient ces dénominations. D'autre part on distinguait les servitudes continues des servitudes discontinues, suivant qu'elles avaient ou non besoin du fait de l'homme pour s'exercer.

Ainsi d'après les principes que nous avons exposés, la servitude de passage, est en droit coutumier, une servitude rurale et discontinue. Cependant tous les auteurs ne l'admettaient pas ainsi, et Basnage nous dit que « comme la servitude de passage peut être dûe par dedans une maison, aussi bien que par dessus un héritage, elle peut être reputée urbaine ou rustique, selon la qualité de la chose à qui elle est dûe. »

La liberté des fonds étant présumée, les propriétaires sont libres de les grever comme il leur plait, aussi c'est le titre qui règle l'exercice de la servitude. Ainsi lorsqu'on n'a pas fixé l'endroit par ou s'exercera le passage, on le prend par l'endroit le moins incommode pour le fonds servant. De même; lorsqu'on n'a pas fixé la largeur de la voie, il faut voir qu'elle a été vraisemblablement l'intention des parties contractantes, et l'établir plus ou moins large suivant qu'il s'agit d'un passage à pied ou avec voiture. Dans tous les cas, le doute s'interprète en faveur du fonds servant. La servitude de passage est une qualité attachée au fonds et elle le suit entre les mains de l'acquéreur. Elle est indivisible et toutes les conséquences que nous avons expliquées en droit Romain se représentent ici. Elle donne le droit de faire tout ce qui est nécessaire pour en user. Enfin le propriétaire du fonds dominant, ne peut rien faire qui aggrave la servitude, et le propriétaire du fonds servant, ne peut en entraver l'exercice.

II. *Acquisition de la servitude de passage* 1° La première et principale cause d'acquisition est le titre. Aussi nous trouvons, dans tous les auteurs, cette ancienne maxime : *nulle servitude sans titre*. Le titre peut résulter de diverses causes : « Il s'acquiert, dit Godefroy, par contrats de donation, vendition, échange, partage, sentence de justice et autres semblables. » Mais le même auteur croit qu'on ne peut constituer une servitude par testament « à raison qu'il est par notre Coutume, défendu de testamenter d'immeubles, ni choses tenantes nature d'iceluy. »

L'article 607 est ainsi conçu : « Droiture de servitude de vue, égouts de maisons, et autres choses semblables, par la Coutume générale de Normandie, ne peut être acquise par possession ou jouissance, fût-elle de cent ans, sans titre; mais sa liberté se peut acquérir par la possession de quarante ans continuels, contre le titre de servitude. »

Quoique cet article ne s'occupe, ainsi que je l'ai dit,

que des servitudes urbaines, on décide néanmoins qu'il doit s'appliquer aussi aux servitudes rurales. Telle est en effet la décision d'un arrêt de la cour de Rouen, donné en forme de règlement, le 13 juin 1611, dont nous trouvons l'espèce rapportée dans le dictionnaire de la Coutume de Normandie : un particulier s'imaginait avoir le droit de faire passer ses bestiaux sur une prairie appartenant à l'un de ses voisins, pour parvenir à une pièce de terre dont il était propriétaire, se basant sur la possession immémoriale que lui et ses auteurs n'avaient cessé d'avoir de ce passage; sa prétention fut rejetée. Et tel est, en effet, l'avis de tous les jurisconsultes, qui ont commenté la coutume de Normandie. « Quoique cet article semble restreindre sa décision aux servitudes urbaines, dit Godefroy, il est néanmoins jugé par deux arrêts, le premier du dernier mars 1707, le second du 13 juin 1611, *qu'il a lieu pareillement pour les rurales, voire avec plus de raison*, vu que par les lois romaines les premières se prescriraient par dix ans et les rurales comme discontinues, non nisi duplicato tempore. »

En outre la coutume d'Orléans, article 251, consacre expressément cette interprétation : « Si, dit-elle, par les héritages qui sont situés sur et à l'endroit des chemins empirés et mauvais, on passe et repasse, cela n'attribue aucun droit de chemin et de voie publique par les dits héritages, par quelque temps que ce soit. L'usage a fait appliquer cet article en Normandie. Ainsi chaque fois que l'on ne représente pas un titre constitutif du droit de passage, on est réputé n'exercer ce droit qu'à titre de tolérance.

2° Mais si le titre est nécessaire pour acquérir la servitude de passage, ne peut-il pas être remplacé dans certains cas par la destination du père de famille? C'est là une question qui était très-discutée et qui, encore de nos jours, est la source d'une controverse importante que nous aurons plus tard à examiner. Il est certain qu'il ne peut y avoir destination du père de famille par suite d'un acte d'aliénation, « *quand aucun met hors ses mains* » cela résulte des articles 619 et 628 de la Coutume normande. Mais dans un acte de partage, la question est plus délicate.

La destination du père de famille est certainement un moyen d'établir les servitudes urbaines. Voici en effet ce que nous lisons dans l'article 609 de la Coutume : « En faisant partage et division entre co-héritiers ou personniers de la chose commune, dont l'une partie sert l'autre, les vues et égouts demeurent comme ils sont lors du partage, si par lots et partages il n'est expressément dit du contraire. » Ainsi, pour les vues et égoûts, si l'acte de partage n'en parle pas, ils existent comme auparavant. Mais devons-nous considérer cet article comme limitatif, ou bien, au contraire, dirons-nous que, comme l'article 607, il doit être étendu par analogie à toutes les servitudes? Cette dernière opinion est soutenue par Pesnelle. Basnage, Godefroy et Bérault sont d'avis contraire. Néanmoins ces auteurs distinguent suivant que servitude est ou n'est pas indispensable au fonds partagé. Ainsi Basnage, après avoir dit que cet article doit être limité aux vues et égouts, ajoute : « Le passage n'est point dû au co-héritier s'il ne l'a point retenu, mais il lui doit être accordé en dédommageant. » Ainsi une maison a trois étages, si elle est partagée en trois portions sans aucune clause de servitude, ceux auxquels sont échus les étages supérieurs ne peuvent prétendre passer par les étages inférieurs; mais s'il est impossible qu'ils jouissent de leur part sans ce passage, il doit leur être accordé, à charge d'indemnité (Basnage).

De même un arrêt du 21 juin 1780 a décidé qu'encore bien que depuis un temps immémorial, un passage ait existé à travers une cour, pour l'usage de plusieurs bâtiments appartenant au même propriétaire, cependant, après le partage de ces bâtiments, le droit de passage n'existait plus, parce qu'il n'avait pas été réservé dans l'acte de partage et qu'il pouvait s'exercer par ailleurs.

En résumé, je crois que l'on peut dire que le droit de passage n'est pas susceptible d'être établi par suite d'un partage, à moins qu'il n'ait été formellement réservé dans l'acte ; mais que, si ce passage est nécessaire pour l'usage d'une partie de l'immeuble partagé, il pourra être acheté par celui qui en a besoin.

On apportait cependant deux exceptions à cette règle : 1° Lorsqu'on donnait ou vendait un usufruit, on était censé donner ou vendre en même temps, le passage nécessaire pour recueillir les fruits. Ainsi, on admettait pour la simple jouissance, ce qu'on n'accordait pas pour la pleine propriété. 2° Si un héritage était légué par testament, on présumait que le testateur avait voulu qu'on pût en user de la même manière qu'il le faisait. De là une distinction entre la division des fonds résultant d'un partage et le cas où *aucun met hors de ses mains partie de sa maison*.

3° En Normandie, nul n'est contraint d'accorder un passage sur sa propriété. Mais ce principe souffre des exceptions, en cas de nécessité. Il existe, en effet, des servitudes que les auteurs appellent naturelles parce qu'elles résultent nécessairement du voisinage des fonds.

Lorsqu'un immeuble est tellement enclavé qu'il n'a aucune issue sur la voie publique, le voisin est tenu de fournir passage moyennant indemnité. Nous avons vu que le Droit Romain en décidait ainsi lorsque la voie publique était impraticable, les jurisconsultes ont généralisé ce principe. Un arrêt du parlement de Paris a jugé qu'il en serait ainsi, alors même qu'on pouvait pénétrer sur son terrain en passant à travers une rivière, car c'est là un passage trop insuffisant. Nous trouvons dans ce sens un arrêt de cette cour daté du 26 mars 1588 (Recueil Louët, lettre C, § 1) et deux autres des 22 décembre 1855 et 1er mars 1622. Cependant cette servitude de passage en cas d'enclave ne doit pas être complétement assimilée à celle qui est édictée dans notre Code : ce n'était pas une servitude légale, aucun texte de loi ne l'établissait, mais la jurisprudence suppléait à la loi, en accordant toujours le passage, lorsqu'il était réclamé pour cause de nécessité.

Plusieurs arrêts ont aussi jugé que « je puis entrer sur le fonds d'autrui pour cueillir les fruits qui sont tombés de mes arbres dans ce fonds ; qu'il y a là une servitude naturelle dépendant de la chose même. »

Enfin, la réparation des chemins publics, étant à la charge des propriétaires riverains, ceux-ci doivent un passage sur leur propre fonds s'ils n'ont pas soin de maintenir la voie en bon état. Cela resulte dun arrêt du Conseil, rendu le 28 avril 1671, pour les provinces de Normandie, du pays du Perche et Châteauneuf en Thimarais, rapporté dans Merlin (chemin pub. n° I, *p.* 618) et d'un arrêt du 2 avril 1753, du parlement de Bretagne.

III. *Extinction de la* servitude *de passage*.

Nous allons passer en revue les différentes manières dont peuvent se perdre les servitudes en Droit Romain et nous allons voir si elles s'appliquent en Droit Coutumier.

1° *Perte de l'un des fonds*. La servitude cesse, dit Domat, lorsque les choses se trouvent en tel état qu'on ne peut en user ; comme si le fonds asservi, vient à périr, ou le fonds pour l'usage duquel la servitude était établie (Lois civiles, titre XII, sect. VI). Mais dans ce cas la prescription ne court pas, et la servitude revit, lorsque les choses reviennent à leur premier état. (Lois civ.)

2° *Confusion*. Elle éteint la servitude de passage, et toutes les règles que nous avons exposées en droit Romain, s'appliquent ici.

3° *Renonciation*. Mêmes règles qu'en droit romain.

4° *Résolution du droit du constituant*. Resoluto jure dantis etc. Par application de ce principe on se demandait si, lorsque l'héritage retournait au seigneur, la servitude était résolue? Godefroy répond « qu'on *résoudo* communément que la dite constitution est bonne au préjudice du vassal et non du seigneur par cette vulgaire maxime *resoluto* etc. Les plus judicieux *résoudent* que c'est quand le fonds retourne au seigneur *ex-antiqua causa*. Car si c'est *ex nova causa* comme par retrait féodal ou confiscation, le seigneur ne peut prendre le fonds autrement qu'avec les charges imposées par le vassal. »

5° *Prescription*. Nous connaissons la disposition finale de l'article 607 de la coutume de Normandie, d'après laquelle, la liberté d'un héritage s'acquiert par quarante ans de libre possession. — Néanmoins dit Basnage, cela ne laisse pas de recevoir de la difficulté dans l'usage et dans la pratique. Ainsi le droit de passage, étant une servitude rurale et discontinue, doit-il être régi par l'article 607? On doit décider que « c'est assez donner de loisirs d'empêcher la prescription pour les servitudes discontinues, que de prolonger le temps jusqu'à quarante années; c'est ce que décident tous les jurisconsultes. « Ce délai court à partir du dernier acte de passage; il n'est pas nécessaire de faire quelque chose de contraire à la servitude.

Si le passage s'annonçait par des ouvrages extérieurs, le laps de quarante ans suffirait-il, dans ce cas, pour l'éteindre? Je crois qu'on ne doit pas faire de distinction et qu'il faut se garder de confondre la continuité, avec l'apparence; nous reviendrons sur cette question au sujet du Code Civil. Cependant voici un arrêt qui semble dire le contraire : le 21 juillet 1751, il fut jugé qu'un droit de passage acquis par titre, n'était point perdu par le non-usage, parce que les barrières servant au passage étaient toujours demeurées sans clef ni serrure.

Une autre règle qui a donné lieu à des difficultés, est celle que j'ai déjà expliquée en droit romain, à savoir que le mode de la servitude ne peut se prescrire, c'est-à-dire qu'il suffit d'avoir usé du passage d'une manière quelconque, pour qu'il soit conservé. Il est inutile de revenir sur ce que j'en ai dit.

6. Les servitudes pouvaient-elles s'éteindre par *décret*? L'édit de 1551 dit que « tous les héritages créés seront adjugés à charge des charges réelles et foncières qui seront contenues ès jugements de discussion. » D'où il suit que les servitudes qui n'auront pas été réservées, seront purgées par le décret. Cependant la jurisprudence décide que les servitudes visibles et apparentes ne seront point éteintes, parce que l'adjudicataire n'a pas pu les ignorer. Ainsi il faut distinguer si la servitude de passage s'annonce ou non par des ouvrages extérieurs; dans le premier cas le passage non expressément réservé subsiste, dans le second il est éteint.

Mais cette jurisprudence de la cour de Paris ne fut pas admise complètement en Normandie, et on décidait généralement que toutes les servitudes subsistent après le décret, sans qu'il y ait lieu de distinguer entre les visibles et les occultes. Tel est l'avis de Godefroy et de Basnage; telle est aussi la décision d'un arrêt de la cour, du mois de mars 1765, qui, à l'occasion d'une servitude de passage, déclare qu'en Normandie, on ne peut admettre la distinction faite par le parlement de Paris; que les décrets ne purgent pas, même les servitudes cachées; qu'en effet, si la coutume normande, dans l'article 578 exempte de la formalité de l'opposition, les rentes foncières et dotales anciennes, il n'y a pas de raison pour qu'elle n'exempte pas de même les servitudes. Une rente, en effet, n'est pas plus visible qu'un droit de passage, et par conséquent il n'y a pas lieu de faire de dictinction à cet égard.

DROIT FRANÇAIS

CHAPITRE Ier

DE LA NATURE DE LA SERVITUDE DE PASSAGE.

I. Elle résulte soit d'une convention entre propriétaires, soit de la loi.
II. Elle est une servitude discontinue, apparente ou non apparente.

I. La servitude de passage, peut dans notre droit, découler de deux sources : de la volonté de l'homme ou de la loi. En effet, nous savons que la liberté pleine et entière, et de l'essence du droit de propriété et que le propriétaire peut à son gré diminuer son droit et l'aliéner en partie, de même qu'il est libre de le transformer et de l'aliéner complètement ; la loi seule, peut dans l'intérêt général, apporter dans certains cas, des restrictions à ce droit. Tel est le principe consacré par la constitution du 3 septembre 1791 :

« La propriété est un droit inviolable et sacré, nul ne peut en être privé, si ce n'est lorsque la nécessité publique l'exige. » Telle aussi l'économie des articles 544 et 545 du Code Civil. De là les deux articles suivants :

Article 686 : « Il est permis aux propriétaires d'établir sur leurs propriétés ou en faveur de leurs propriétés, telles servitudes que bon leur semble, pourvu néanmoins que les services établis ne soient imposés, ni à la personne, ni en faveur de la personne, mais seulement à un fonds et pour un fonds, et pourvu que ces services n'aient d'ailleurs rien de contraire à l'ordre public. »

Article 651. « La loi assujettit les propriétaires à différentes obligations l'un à l'égard de l'autre, indépendamment de toute convention. »

Ainsi, tout propriétaire est libre d'établir sur son fonds, tel droit de passage qu'il juge convenable, sauf les deux restrictions imposées par l'article 686 ; ainsi, encore, si le propriétaire d'un héritage n'a pour y accéder qu'un chemin impraticable, ou même s'il en est privé complétement, il pourra obtenir que ses voisins lui concèdent un droit de passage sur leurs propriétés ; si le fonds n'a aucune issue, s'il est complétement enclavé, et si les voisins refusent d'accorder le passage réclamé, ils pourront y être contraints. Il est en effet de l'intérêt de l'État et de la richesse publique, qu'aucune partie du territoire ne reste sans culture, faute de chemin pour y accéder.

La servitude de passage est donc tantôt une servitude conventionnelle, tantôt une servitude légale. Les auteurs ont critiqué cette dénomination ; ils ont prétendu que ce que les rédacteurs du Code Civil appelaient servitudes légales n'étaient pas de véritables servitudes, que c'étaient des limitations de la propriété, formant le droit commun, et non des exceptions à ce droit.

En effet, la liberté ne peut exister sans entraves qu'à la condition de subir certaines restrictions ; l'individualité du droit engendre la solidarité du droit ; l'homme pour pouvoir exercer librement son droit de propriété, doit reconnaitre ce droit chez les autres et si chacun prétendait user de sa liberté de la manière la plus absolue, il serait nécessairement entravé par les mêmes prétentions élevées par ses voisins. Il était donc nécessaire que des limites fussent placées par le législateur, limites qui établissent le droit commun, qui règlent la liberté des fonds, telle que le législateur la reconnait, et qui, par suite, ne sont pas des servitudes, car la servitude n'est autre chose qu'une exception apportée au droit commun.

Quelques auteurs, notamment Toullier et Merlin, ont soutenu que cette critique n'était pas fondée, prétendant qu'en droit naturel, la liberté de la propriété est absolue et que toute restriction apportée à cette liberté est, par suite, une servitude.

Quoiqu'il en soit, le premier système est plus généralement adopté, et il en résulte, en ce qui concerne notre sujet, qu'on doit dire qu'en droit commun, la propriété d'un fonds ne peut se comprendre sans un passage d'accession, sinon ce serait une pure abstraction; que par conséquent, si le propriétaire venait à perdre, pour une cause quelconque, le droit de réclamer un passage, son fonds se trouverait constitué en état de servitude. Je ne m'arrêterai pas à l'examen de cette question philosophique, et je me contenterai d'adopter la distinction du Code Civil.

Nous verrons d'ailleurs, lorsque nous traiterons plus spécialement du droit légal de passage, que ce droit une fois établi en vertu de la loi, a tous les caractères et tous les effets d'une véritable servitude de passage, résultant de la volonté de l'homme.

II. Le Code Civil divise les servitudes en urbaines et rurales, continues et discontinues, apparentes et non apparentes. Examinons ces distinctions afin de savoir dans quelle catégorie nous devrons ranger la servitude de passage.

1° Article 687 : « Les servitudes sont établies ou pour l'usage des bâtiments ou pour celui des fonds de terre. Celles de la première espèce s'appellent urbaines, soit que les bâtiments auxquels elles sont dues soient situés à la ville ou à la campagne. Celles de la seconde espèce se nomment rurales. »

Cette distinction, fondamentale en droit romain, n'a plus aucun intérêt; c'est le premier reproche qu'on lui fait. En outre elle ne reproduit pas la vraie distinction romaine, telle que nous l'avons expliquée (Voy. *p.* 2.)

2° La seconde division est au contraire capitale et féconde en conséquences. C'est l'article 688 qui nous la donne : « Les servitudes, dit-il, sont continues ou discontinues. Les servitudes continues sont celles dont l'usage est ou peut être continuel, sans avoir besoin du fait actuel de l'homme..... Les servitudes discontinues sont celles qui ont besoin du fait actuel de l'homme pour être exercées, tels sont les droits de passage... » Ainsi ce texte est bien clair, toute servitude de passage est discontinue, car pour qu'il y ait exercice d'un droit de passage, il faut un fait de l'homme.

3° Enfin l'article 689 contient la troisième division : « Les servitudes, d'après cet article, sont apparentes ou non apparentes. Elles sont apparentes lorsqu'elles s'annoncent par des ouvrages extérieurs, tels qu'une porte... » Lorsqu'au contraire aucun signe n'en révèle l'existence, la servitude est non apparente. Cette distinction a aussi une grande importance, comme nous le verrons par la suite. La servitude de passage sera donc tantôt apparente, tantôt non apparente, apparente lorsqu'une porte, une barrière, un chemin tracé ou quelque autre ouvrage l'annoncera.

4° D'après les dispositions qui précèdent, on voit que

les servitudes apparentes peuvent n'être pas continues et qu'il ne faut pas confondre la continuité avec l'apparence. Un droit de passage qui s'exerce par un chemin frayé, et fermé par une barrière, n'en est pas moins une servitude discontinue. Cependant la jurisprudence adoptée par quelques Coutumes a été cause que certains auteurs ont fait cette confusion. Mais c'est une erreur manifeste et qui a été condamnée par un arrêt de la Cour de Cassation du 24 novembre 1835 (D. P. 35, 1, 44a). En conséquence, il a éte jugé que « la servitude de passage ne perd pas son caractère de servitude discontinue, par cela seul que celui qui prétend l'exercer, est possesseur de la clef d'une porte, donnant issue sur le lieu où s'exerce le passage. Grenoble, 3 février 1849 (D. P. 49, 2, 235).

Pour que la servitude soit apparente, il importe peu que les ouvrages qui l'annoncent existent sur le fonds inférieur ou supérieur, il suffit, mais il faut qu'ils soient parfaitement visibles pour le propriétaire du fonds inférieur.

Nous pouvons donc dire que la servitude de passage, sous l'empire du Code Napoléon, est de sa nature, une servitude discontinue, apparente ou non apparente. Nous verrons par suite quelles sont les règles qui lui sont applicables.

CHAPITRE II

CARACTÈRES DE CETTE SERVITUDE

I. La servitude est une qualité active et passive des deux fonds, dominant et servant. — Ne pas la confondre avec l'obligation personnelle.
II. Conséquence du principe précédent.
III. Sur quels immeubles la servitude de passage peut-elle exister.

I. La servitude de passage est une qualité active et passive des deux fonds, dominant et servant; elle est un droit réel, accessoire de ces fonds, qui n'en peut être détaché et qui les suit en quelques mains qu'ils passent. Les rédacteurs du Code l'expriment en disant qu'elle est créée en faveur d'un fonds et qu'elle ne peut être imposée ni à la personne ni en faveur de la personne.

Cependant cela doit être bien compris et un propriétaire pourrait parfaitement accorder à un de ses voisins le droit de passer sur son fonds, en limitant ce droit à la personne de ce voisin seul. Il n'y aurait pas alors une véritable servitude réelle, il y aurait, d'un côté un droit personnel qui s'éteindrait à la mort du stipulant, de l'autre une obligation personnelle à laquelle ne seraient point tenus les successeurs à titre singulier. En cas d'inexécution, le stipulant n'aurait pas d'action pour obtenir le passage, mais un simple droit à des dommages-intérêts.

Une convention de cette espèce peut donner lieu à de grandes difficultés d'interprétation, lorsqu'on n'a pas eu soin d'insérer formellement dans l'acte que le droit de passage n'est créé qu'en faveur de telle personne déterminée. Ainsi on s'est demandé, si, lorsque l'acte est muet sur la nature du droit constitué, on doit penser que ce droit est une véritable servitude ou bien une simple obligation ?

A Rome, la servitude réelle était présumée jusqu'à preuve contraire ; on supposait que les parties n'avaient pas eu l'intention de limiter l'effet de leur convention, puisqu'elles n'avaient rien statué à cet égard. Cette solution doit encore être adoptée aujourd'hui, tout en disant qu'avant tout elle dépend de l'appréciation des tribunaux. Telle est la jurisprudence de la Cour de Cassation, conformément à laquelle il *a été* jugé que si dans un acte de partage d'immeubles, les co partageants ont déclaré s'accorder *mutuellement* le libre passage avec chariot ou autrement, cette clause a pour effet d'établir une servitude de passage, qui peut être exercée non-seulement par les co-partageants, mais encore par leurs héritiers ou ayants cause (Conf, Demolombe, Toullier, Duranton).

II. Nous avons vu quelles étaient en Droit Romain les conséquences de ce principe, que la servitude doit être établie sur un fonds et pour un fonds, voyons si les mêmes règles sont applicables en droit français :

1° La servitude de passage, avons-nous dit, est indivisible (voy. p. 15 et 18) ; on ne peut par conséquent l'acquérir ni la perdre pour partie. Il en est de même aujourd'hui, mais cette règle s'applique avec moins de rigueur ; en effet, un seul des co-propriétaires peut, en vertu de l'article 1121, acquérir un droit de servitude au profit de l'héritage commun, sans qu'il soit besoin de l'intervention des autres co-propriétaires. Nous verrons plus tard que les deux articles 709 et 710 sont des conséquences de cette indivisibilité.

De même la servitude est due à tout le fonds dominant par tout le fonds servant, et par chaque parcelle de ce fonds. Ainsi la Cour de Cassation a décidé : « qu'une servitude de passage, stipulée en faveur du propriétaire d'un terrain sur lequel il n'existe qu'une maison, peut être cédée à l'acheteur d'une nouvelle maison construite sur le même terrain. » En effet, dit l'arrêt, la servitude, comme tout droit réel, s'applique à tout l'héritage aussi bien qu'à chaque partie de l'héritage, activement et passivement (16 Mai 1825, J. P. 503).

2° La servitude ne peut jamais forcer le propriétaire du fonds servant, à faire (*ad faciendam*). Nous savons en effet, que la servitude ne peut être imposée à la personne (art. 686); on pourrait cependant stipuler que le propriétaire du fonds servant, sera chargé de faire et d'entretenir à ses frais, le passage ; mais ce dernier serait libre de s'affranchir de cette charge en abandonnant la propriété du terrain (art. 698 et 699). En effet il ne faut pas confondre la servitude principale avec les travaux nécessaires pour en user, travaux qui ne sont que des accessoires de cette servitude.

Mais est-ce là une simple obligation ou bien au contraire une charge réelle, dont seront tenus, non-seulement ceux qui l'ont promise et leurs successeurs universels, mais encore les acquéreurs des fonds à titre singulier?

On doit, je crois, décider que c'est une obligation imposée, plutôt au fonds qu'au propriétaire de ce fonds, c'est ce qu'exprime Marcadé, en disant qu'on peut convenir « que le fonds servant devra lui-même se mettre et se maintenir dans l'état que demande l'exercice de la servitude (Marc. art. 699). » C'est donc une obligation, un *jus in rem*, qui grève le fonds, absolument comme le ferait un droit d'hypothèque. De même que le tiers détenteur d'un bien hypothéqué peut se libérer de la dette, en abandonnant l'immeuble aux créanciers, de même celui qui est chargé de faire des ouvrages pour l'exercice d'une servitude, peut se libérer en abandonnant le fonds au créancier de cette servitude. D'ailleurs, qu'était-il besoin de dire expressément que cette obligation, considérée comme simple obligation personnelle, était licite; les parties ne sont-elles pas libres de faire telles conventions qu'ils leur plait? S'il en était autrement, l'article 699 serait incompréhensible, ou au moins inutile.

3° Il faut que la servitude puisse procurer quelqu'avantage au fonds dominant, mais nous n'avons pas adopté la subtilité des lois Romaines, qui exigaient une *causa perpetua*. Pour que cet avantage existe, il n'est pas nécessaire que les deux fonds soient contigus; ainsi, on peut parfaitement stipuler un droit de passage, sur un fonds complètement séparé de l'héritage dominant, soit par un autre héritage sur lequel le droit de passage n'existe pas, soit par un fleuve, soit par une voie publique. Une seule question doit dans tous les cas être posée : Y a-t-il dans l'exercice de ce passage un avantage quelconque pour le fonds dominant?

On doit même aller plus loin et dire que l'utilité peut n'être qu'éventuelle, que par conséquent une servitude de passage peut être établie entre deux héritages séparés par un fonds intermédiaire dans lequel le maitre de la servitude n'a pas d'accès, l'impossibilité d'user d'une servitude, n'étant ni un obstacle légal à sa constitution, ni une cause absolue d'extinction, lorsqu'elle est de nature à cesser. (Cass. 26 nov. 1861.) En effet une servitude est utile à un fonds, par cela seul que cette utilité est possible. Or dans l'espèce la servitude de passage n'est inutile actuellement que parce que le propriétaire du fonds intermédiaire s'oppose au passage sur son terrain, mais il peut arriver que plus tard il change de volonté, lui ou ses successeurs, et alors la servitude pourra être exercée. « Quoique le droit de passage n'existe pas sur le fonds intermédiaire, la convention constitutive de cette servitude, dit l'arrêt, n'en aurait pas moins une cause légitime, soit dans son utilité immédiate, si par tolérance, le tiers n'opposait aucune résistance au passage, soit dans son utilité éventuelle, si par l'acquisition ou du fonds intermédiaire, ou d'un droit de passage sur ce fonds, le demandeur faisait cesser tout obstacle à l'exercice de la servitude. » De même, cet arrêt de la cour de cassation du 26 nov. 1861 décide « que l'existence de la servitude de passage ne peut être subordonnée, à la constatation faite avec le propriétaire du fonds intermédiaire, du droit pour le maître de la servitude, de passer sur sa propriété. » (D. P. 61, 1, 471.)

4° Il est de la nature de la servitude d'être perpétuelle, mais on peut parfaitement convenir qu'elle ne durera qu'un certain temps, ou qu'elle ne sera exercée qu'à partir d'une certaine époque, ou que son existence dépendra de telle condition suspensive ou résolutoire. C'est ainsi qu'il a été jugé que la stipulation de servitude, en faveur d'immeubles dont on pourra devenir propriétaire est licite; c'est là une servitude conditionnelle, et c'est à tort qu'on prétendrait qu'elle doit être annulée comme n'étant établie qu'en faveur de la personne (Montpellier, 29 juin 1849. D. P. 51, 2, 214.)

III. La servitude de passage pouvant exister sur tout immeuble susceptible de propriété privée (art. 637), grèvera aussi bien le domaine privé de l'Etat ou des communes, que celui des particuliers. Ces biens, en effet, sont dans le commerce, et sauf quelques règles qui sont spéciales à leur administration et à leur aliénation; ils sont soumis pour le reste aux règles générales.

Mais les biens qui sont du domaine public sont-ils susceptibles d'être grevés d'un droit de servitude? Peut-on acquérir à titre de servitude un droit de passage sur une route, un chemin, ou une place publique ?

Il est certain que les propriétaires de terrains ou de maisons joignant ces lieux publics peuvent y passer, et dans ce but y ouvrir des portes et des barrières ; les chemins, les places et les rues ont, en effet, pour destination de servir d'accès aux propriétés privées. Mais quel est la nature du droit concédé? Une porte ouverte sur une rue ou sur une place publique, constitue-t-elle une véritable servitude ou bien au contraire n'existe-t-elle qu'à titre de simple tolérance, et l'administration a-t-elle le droit de la supprimer sans être tenue à aucune indemnité? La cour d'Orléans s'est prononcée dans ce dernier sens, par deux arrêts, l'un du 30 juillet 1861 (D. P. 61, 2, 163), et l'autre du 5 mars 1869 (D. P. 69, 2, 217.)

Tout d'abord je dois faire une première observation, c'est que s'il s'agit d'un bien du domaine public, destiné à un usage autre que le passage ou les communications ; si par exemple, un propriétaire ouvre une porte sur un jardin ou une promenade publique et prétend y passer, ce n'est là qu'une tolérance que l'administration a le droit de faire cesser, car ce jardin a été fait pour s'y promener et non pour servir d'accès aux propriétés voisines (Poitiers, 31 janvier 1837) ; il a été créé dans l'intérêt général, il est inaliénable et imprescriptible, il n'est donc pas susceptible d'être grevé d'une servitude, pas plus qu'il ne pourrait l'être d'un droit de propriété. Je suppose, toutefois, que ce passage n'est pas indispensable pour accéder à cet immeuble ; car s'il était nécessaire, si l'immeuble était enclavé, il faudrait alors appliquer les règles prévues par les articles 682 et suivants, à l'occasion desquels on verra que le passage nécessaire doit toujours être accordé, quelle que soit la nature du fonds servant.

En outre, en admettant même qu'il s'agit d'une rue ou d'une place publique, c'est-à-dire d'un lieu dont la destination est de servir au passage, il ne pourra être question de servitude, tant que cette destination ne sera pas changée. Comment, en effet, l'un des propriétaires riverains pourrait-il réclamer un droit de servitude sur un lieu commun à tous, et dont tous sont censés jouir comme propriétaires indivis (*ut universi*), quand nul ne peut avoir de servitude sur son propre fonds. Telle est la décision d'un arrêt de la cour de Grenoble du 16 juillet 1824 (D. J. G. Serv., *p.* 75).

Il ne pourra donc être question de servitude qu'après l'aliénation de la place ou du chemin, que lorsque la destination publique aura été éteinte par la concession du terrain à des particuliers. Néanmoins, il s'agit d'examiner quelle est la nature du droit des propriétaires riverains, afin de savoir si l'administration pourra faire à la voie publique quelque changement, quelque réparation qui nuise à ces propriétaires.

Tout édifice construit sur une rue a, par sa seule situation, un droit acquis à la jouissance du passage sur cette rue, tout propriétaire peut s'en servir pour accéder à son immeuble. En effet, par suite de l'établissement d'une rue ou d'une voie quelconque, il s'est formé une sorte de quasi-contrat entre l'administration et les propriétaires. L'une est censée concéder certains droits et parmi eux le droit de passage, les autres sont tenus en échange, de certaines obligations. Il y a donc au profit des héritages riverains, un véritable droit d'usage acquis sur la voie publique, et nul ne peut apporter d'entraves à l'exercice de ce droit, si ce n'est pour cause d'utilité publique et moyennant une juste et préalable indemnité.

Mais quelle est la nature de ce droit? Est-ce un droit de servitude, est-ce un droit de propriété?

M. Demolombe le considère comme un droit de servitude, mais d'une nature particulière, et soumis tout à la fois, aux règles du droit civil, et à celles du droit public et administratif.

Une autre opinion soutient que c'est là un droit *sui generis* et qui n'a pas les caractères d'une véritable servitude. Je me range à cette opinion. En effet, nous avons déjà vu qu'il ne peut être question de servitude tant que la voie reste publique; en outre, il me semble difficile de dire qu'une portion du domaine public, qui n'est pas susceptible de propriété privée, puisse être l'objet d'une vraie servitude, c'est-à-dire d'un démembrement de la propriété. Il y a plus, s'il s'agissait d'une véritable servitude, en cas d'expropriation du sol de la rue, le propriétaire riverain n'aurait-il pas le droit de refuser l'indemnité et de prétendre qu'aucun changement ne peut être apporté à l'état des lieux? Or personne ne va jusque là, et une jurisprudence constante décide que lorsque des travaux nécessaires faits sur la voie publique ont gêné ou rendu impraticable l'accès des propriétés voisines, les propriétaires ont droit à une indemnité. En dehors des cas d'utilité publique, l'administration ne peut rien faire qui nuise à l'exercice de ces droits, comme l'a décidé un arrêt de la Cour de Cassation du 28 juin 1840.

Je conclus donc que le fait d'avoir une porte sur une voie ou place publique et de s'en servir pour accéder à sa propriété, constitue non un droit de servitude, mais un droit *sui generis* tant que cette voie ou cette place conserve son caractère de publique. La jurisprudence a décidé dans ce sens que l'administration peut faire à la voie telles modifications qu'il lui plaît, dès-lors que cela ne cause aucun préjudice appréciable aux riverains; et qu'au contraire, si l'exercice du droit des riverains est entravé ou rendu impossible, il y a lieu de procéder à une expropriation régulière et de leur payer une juste et préalable indemnité. Caen, 21 janv. 1874. (*p.* 76.) — Caen, 16 nov. 1874, (75, *p.* 25.) — Caen, 31 déc. 1868 (*p.* 286.)

Mais lorsque le terrain de ces voies aura été concédé à des particuliers, ceux-ci pourront-ils exiger la suppression des droits, et notamment du passage dont les riverains jouissaient avant cette aliénation?

Il est un fait certain, c'est que ces droits continueront d'être exercés et qu'il ne peut dépendre de l'administration de les supprimer par une aliénation de la voie publique. La jurisprudence est bien fixée en ce sens, et ce point ne peut souffrir aucune difficulté. Mais quelle sera la nature de ce droit conservé sur le terrain vendu? Sera-ce encore un droit *sui generis*, ou bien alors un droit de véritable servitude? Les conséquences seront différentes, suivant qu'on adoptera l'un ou l'autre système. Si on admet que le droit est ce qu'il était avant l'aliénation, si l'on pense qu'il est resté tel que nous l'avons défini, il faut dire que l'acquéreur pourra, comme l'administration le pouvait auparavant, le restreindre ou le supprimer moyennant indemnité. Si au contraire, nous disons que ce droit est devenu une véritable servitude, les acquéreurs seront forcés d'en subir l'exercice, car les servitudes ne sont pas rachetables.

La Jurisprudence semble incertaine, quelques arrêts décident que ces droits sont devenus de véritables servitudes (Cass., 11 fév. 1828. — Req., 12 Juillet 1842). D'autres au contraire, jugent qu'ils peuvent être supprimés moyennant une juste indemnité. (Req., 18 fév. 1828. — Cass. 5 juillet 1836).

Je crois que la première opinion doit seule être adoptée, et qu'après l'aliénation de voie publique, les droits existants sur cette voie, sont devenus de véritables servitudes irrévocables. En effet, l'ancienne voie étant une propriété privée, rien ne s'oppose plus à ce qu'elle soit susceptible d'être grevée d'un droit de servitude. Pourquoi donc, voudrait-on éteindre les droits existants? Ce serait dans un but d'intérêt privé; or, personne ne peut être contraint à céder sa propriété, si ce n'est pour cause d'utilité *publique* et moyennant une juste et préalable indemnité. C'est le motif sur lequel sont basés, les deux arrêts que nous avons cités. D'ailleurs 1° l'arrêt du 5 juillet 1836, qui semble dire le contraire, s'occupait d'une espèce différente : il s'agissait de jours ouverts postérieurement à l'aliénation du sol de la rue; 2° cet arrêt confirme en outre notre système en disant « qu'il n'appartient aux villes de supprimer une rue et d'aliéner le terrain, qu'à la charge d'indemniser les riverains du dommage que cette suppression peut causer à leurs propriétés, » il parle d'indemnité et non de rachat forcé.

De ce qui précède, je conclus que l'on peut avoir un droit de passage sur un bien du domaine public lorsque ce droit n'est pas incompatible avec la destination de ce bien. Ce droit est d'une nature particulière, mais il se transforme en une véritable servitude, lorsque l'immeuble qu'il grève a perdu son caractère de public, par l'aliénation qui en a été faite au profit d'un particulier.

CHAPITRE III

DIFFÉRENCE ENTRE LA SERVITUDE ET LA COPROPRIÉTÉ

I. Ce qu'on entend par chemins de desserte ou sentes de voisiné
II. Différences entre le droit de passage s'exerçant à titre de copropriété et la véritable servitude de passage.
III. Comment faire cette distinction.

I. Avant d'entrer plus loin dans notre sujet, et afin de bien déterminer la nature de la servitude de passage, nous devons parler de certains chemins qui servent à l'exploitation des héritages voisins, et sur lesquels des droits de passage sont exercés non à titre de servitude, mais de copropriété. Ces voies d'exploitation que l'on nomme *chemins de desserte*, et dans notre pays *sentes pour le voisiné* (art. 83. Cout. Norm.), qui ne sont ni des chemins publics ni de simples passages à titre de servitude, sont reputées appartenir en commun à tous les propriétaires des héritages qu'elles desservent. On suppose qu'à l'origine, tous ces proprietaires ont par suite d'une convention, abandonné, chacun une partie de leur propriété, afin de la mettre en commun, et de créer ainsi une voie qui leur était utile à tous, pour les besoins de leurs terres. Cette voie est donc indivise entre tous les héritages qui ont contribué à sa confection ; tous ont sur elle un droit de passage à titre de copropriétaires, et non à titre de servitude, ce qui aurait lieu si un ou plusieurs de ces propriétaires avaient seuls créé la voie sur leur terrain, accordant aux autres le droit d'y passer.

11. Il est très-important de distinguer ce droit, de la servitude de passage, car les règles de l'un ne sont pas applicables à l'autre.

1° D'abord en ce qui concerne l'acquisition de la servitude de passage, nous verrons qu'elle ne peut s'établir que par titres, et qu'étant une servitude discontinue, elle ne peut s'acquérir par prescription. Au contraire, il n'est pas besoin de représenter un titre pour passer par un chemin de desserte, car la propriété peut s'acquérir par prescription; la prétention même de celui qui se dit copropriétaire suffit pour remplacer ce titre, et la jurisprudence admet qu'à cause de leur ancienneté, ces voies n'ont pas dû être établies en vertu d'une convention écrite. Telle est la doctrine confirmée par la jurisprudence. Nous lisons, en effet, dans le recueil des arrêts de la cour de Caen : « Sous l'empire de la coutume de Normandie il existait des chemins qui, sans être publics n'étaient cependant point de simples passages à titre de servitude et n'avaient pas besoin d'être constitués par titres. » (11 février 1841 et 14 février 1855.) Un arrêt de la cour de cassation dit que les principes relatifs à l'établissement des servitudes discontinues sont inapplicables au cas où celui qui réclame un passage par un chemin d'exploitation, appuie sa prétention sur ce qu'il est copropriétaire du chemin (14 janvier 1841); que la disposition de l'article 691 suivant laquelle les servitudes discontinues ne peuvent s'établir que par titres, n'est pas applicable aux chemins de desserte (Poitiers, 5 mai 1856); que la possession n'a pas besoin d'être justifiée par titres (Agen 28 décembre 1824); enfin que la possession d'un chemin de cette nature peut être établie par prescription. Cass. 12 déc. 1853. — Cass. 21 août 1871. (D. P. 71, 1, 254.)

2° Nous verrons que la servitude de passage doit être limitée à l'usage du fonds dominant, en est-il de même du passage par copropriété? Celui qui a la propriété d'une chose, a le droit d'en jouir de la manière la plus étendue, ne faut-il donc pas dire que le copropriétaire aura le droit d'employer le passage à tous ses usages, et notamment à l'exploitation des terrains qu'il pourra acquérir par la suite?

La règle qui doit être suivie nous a été donnée par un arrêt de la cour de Caen du 25 août 1842 : « Les passages communs, dit-il, doivent être réputés la propriété de chacun toutes les fois que cela peut se faire sans préjudice à la propriété de tous. » (Caen, 1842, *p.* 453.) Ce principe a été consacré par un arrêt de la cour de cassation qui décide que « chacun des copropriétaires d'une chose commune peut en user librement, pourvu qu'il n'en change pas la destination légale ou conventionnelle, et qu'il ne porte pas atteinte au droit de jouissance des autres communistes. » Cass., 31 mars 1851. (D. P. 51, 1, 256.)

Le principe posé il est facile d'en déterminer les conséquences.

Ainsi les deux arrêts précédents ont jugé que les communistes ont le droit d'ouvrir des jours et des portes sur la voie commune, dès lors que ce fait n'entrave pas le passage, 26 mai 1847, Angers. (D. P. 47, 4, 447.) Cass. 10 nov. 1845 (D. P. 46, 1, 139.) Paris, 7 déc. 1850 (D. P. 54, 5, 695.) Caen, 1859 (*p.* 138 et 282.)

De même le copropriétaire d'une cour commune peut s'en servir pour le passage des voitures publiques ou particulières qui se rendent à l'auberge qu'il exploite, alors d'ailleurs qu'il ne fait qu'appliquer cette cour, à l'usage auquel elle était destinée et qu'un tel usage ne nuit pas aux autres propriétaires. Cass. 15 août 1850, (D. P. 50, 1, 257.) — 6 nov. 1863 (D. P. 63, 2, 212.)

Je conclus, toujours par application du même principe, qu'une sente de voisiné établie avec destination spéciale, peut servir à l'exploitation de nouveaux immeubles acquis par l'un des copropriétaires de cette sente, dès lors que ce nouvel usage n'apporte aucun obstacle à l'exercice du droit des autres. Ainsi plusieurs arrêts de la cour de Caen ont jugé que le copropriétaire d'une cour, qui possède deux maisons s'accédant l'une par la cour, l'autre par une rue, peut au moyen d'une porte de communication, remplacer ces deux maisons par une seule s'accédant également par la rue et par la cour; que les copropriétaires de cette cour ne peuvent se plaindre du nouvel état de choses tant qu'il n'y a pas abus du droit de passage sur la cour. Caen, 5 mars 1830 et 27 juin 1859 (*p.* 138.) Rouen, 2 juin 1863 (*p.* 127). Douai, 9 janvier 1838.

En résumé je crois qu'on doit dire que le copropriétaire a le droit de se servir de la voie commune pour l'exploitation, non-seulement des immeubles qu'il possédait à l'origine, mais encore de tous ceux qu'il peut avoir acquis, à cette seule condition que ce fait n'apporte aucune restriction à l'exercice du droit des autre communistes. Nous verrons plus tard qu'il y a là une différence entre la copropriété et la servitude lorsque nous traiterons de l'aggravation de la servitude de passage.

3° De ce principe que les chemins d'exploitation sont présumés exister en vertu d'une convention tacite des propriétaires riverains, on doit conclure, que le droit d'y passer ne s'éteindra pas par le non-usage, car chacun est libre d'user ou de ne pas user de sa propriété, et il ne la perd qu'autant qu'un autre l'a acquise par la prescription. Il y a donc encore là une différence avec la servitude de passage qui, elle, s'éteint par le non-usage.

III. Mais comment pourra-t-on distinguer ces chemins de la servitude de passage? Comment, lorsqu'une partie se basant sur ce qu'elle a usé depuis plus de trente ans d'un passage, viendra demander à être maintenue dans son droit, saura-t-on si ce droit consiste en un droit de copropriété ou en une simple servitude? Que décider lorsque le demandeur soutiendra que le fait seul de sa possession suffit pour faire constater le droit qu'il réclame, tandis que le défendeur soutiendra que le droit de passage est une servitude discontinue qui ne peut s'acquérir par la prescription?

C'est là un point très délicat sur lequel les juges ne pourront statuer que d'après les circonstances particulières à chaque cause. Il est difficile de donner des règles certaines à cet égard : cependant en l'absence de titres, on doit supposer que le passage antérieur n'a eu lieu que par tolérance, car la présomption contraire tendrait à rendre illusoire la règle de l'article 691 qui défend l'acquisition des servitudes discontinues par prescription. Un arrêt de la cour de Besançon du 16 juillet 1866 nous donne les principaux caractères du chemin d'exploitation : « Un chemin d'exploitation, dit-il, se distingue de la simple servitude de passage, en ce que la preuve de son existence exige des signes caractéristiques, notamment des actes d'entretien, de réparation, supposant un droit de copropriété du sol sur lequel le chemin est établi ; cette preuve ne saurait ressortir de simples faits de passage. »

Ainsi, si le demandeur se borne à prouver qu'il a passé par le chemin, sa demande doit être rejetée, et si lorsqu'il s'agit d'un chemin d'exploitation on n'exige pas la production d'un titre de propriété, il faut néanmoins que certains faits caractéristiques, tels que l'entretien de la voie à frais communs, ou sa situation par rapport aux propriétés voisines, ou une assiette fixe, ou un chemin tracé entouré des deux côtés de haies et clôtures, viennent appuyer la demande.

Ce système est celui de la jurisprudence et les arrêts

sont nombreux sur ce point. Voici en résumé, la doctrine que je trouve parfaitement exposée par un arrêt de Caen du 8 juin 1872 : « Lorsque les tribunaux ont à se prononcer sur une question de passage à titre de copropriétaire, ils doivent reconnaître préalablement et juridiquement le caractère de chemin d'exploitation, à la voie sur laquelle le passage est réclamé; si ce caractère est reconnu, la prescription doit être admise en l'absence de titres, et la copropriété est présumée; si au contraire il n'est pas établi que la voie dont il s'agit est un chemin de desserte ou une sente de voisiné, on doit appliquer l'article 691. — Caen, 8 juin 1872 (*p.* 200.)

CHAPITRE IV

DE L'ÉTABLISSEMENT DE LA SERVITUDE DE PASSAGE.

SECTION I.

DE LA SERVITUDE CONVENTIONNELLE DE PASSAGE.

I. Du titre.
II. De la prescription.
III. De la destination du père de famille.

En matière de servitudes, la volonté de l'homme peut se manifester par l'existence d'un *titre*, mais il peut aussi arriver que cette volonté soit simplement présumée par le fait de la *prescription* accomplie, ou d'une *desti-*

nation du père de famille. De là trois sources d'acquisition, mais qui ne sont pas applicables à toutes les servitudes indistinctement. En ce qui touche les servitudes discontinues et par conséquent la servitude de passage, voici la règle générale inscrite dans *l'article* 691 : « Les servitudes discontinues apparentes ou non-apparentes ne peuvent s'établir que par titres. » Néanmoins, malgré la généralité de cet article, des difficultés se sont soulevées soit au sujet de la prescription, soit au sujet de la destination du père de famille ; nous examinerons donc successivement ces trois modes d'acquisition.

I. Du Titre.

1° Signification du mot titre.
2° D'où le titre peut-il provenir ?
3° Du titre recognitif.
4° La maxime *in antiquis* s'applique-t-elle à la servitude de passage ?
5° De la transmission du titre.

1° Le mot titre peut avoir deux sens : il peut signifier la cause génératrice de la servitude, la volonté de celui qui a crée la servitude, ou l'expression de cette volonté, la constatation écrite de cette cause. M. Demolombe, qui fait cette distinction, soutient qu'ici on doit donner au mot titre, la première signification et que le titre peut consister soit dans un acte écrit, soit dans une convention verbale. Il en résulte que la preuve de cette convention pourra être faite, soit par l'aveu de la partie, soit par son interrogatoire sur faits et articles, soit par la délation du serment, soit enfin par témoins s'il existe un commencement de preuve par écrit. Ce système est adopté par la jurisprudence et il a été jugé que lorsque les titres constitutifs d'une servitude discontinue paraissent avoir été détruits par force majeure, et qu'il n'existe plus qu'un acte constatant l'existence de cette servitude d'après d'anciens titres qu'il rappelle, ceux qui se prétendent ayants-droit à la servitude sont recevables à prouver par témoins la longue possession qu'ils en ont eue. Bourges, 7 janvier 1829 (D. J. G. n° 1092). Même décision de la cour de Paris : « Suivant les principes généraux du Code Civil, le commencement de preuve par écrit, complété par la preuve testimoniale, équivaut au titre lui-même et aucune exception à ce principe n'est introduite par la loi, relativement aux dispositions qui concernent l'établissement des servitudes. » (15 juin 1853). — Req. 16 déc. 1863 (D. P. 65, 1, 215). — Caen, 30 août 1872 (1873, *p.* 16). — Cass., 12 fév. 1850 (D. P. 50, 1, 132). — Cass., 16 déc. 1863 (D. P. 65, 1, 315). — Agen, 12 fév. 1869 (D. P. 70, 2, 115).

2° Le titre peut résulter de tout acte à titre gratuit ou onéreux, de convention, de testament, de donation, d'un jugement.

Il peut résulter d'un testament ou d'une donation, ainsi je puis léguer ou donner à mon voisin pour l'exploitation de ses immeubles, une servitude de passage sur ma propriété ; ou encore, je puis léguer ou donner une partie de ma propriété, me réservant sur elle un droit de passage. Il suffit pour que cette constitution soit valable et obligatoire, que ces actes soient faits dans la forme des donations et des testaments.

Les jugements étant déclaratifs et non attributifs des droits des partis, il semble difficile qu'ils puissent créer un droit de servitude. Cependant, il arrive tous les jours que, dans un partage en justice, une servitude de passage est établie sur un lot au profit d'un autre lot. Dans ce cas le tribunal se borne à homologuer le travail des experts ; il y a là un contrat entre les parties, constaté judiciairement, et non un jugement ordinaire.

Enfin la servitude peut être établie par une convention, une vente ou tout acte à titre onéreux. Dans tous les cas, c'est l'acte constitutif qui fait la loi des parties; et les règles générales qui régissent les conventions sont ici applicables. Ainsi la servitude, pour exister, doit être formellement exprimée; non pas qu'il soit besoin d'employer des termes sacramentels, mais il faut au moins que la convention contienne des indications assez précises pour qu'elle puisse être déterminée; c'est l'application de l'article 1129. Néanmoins cette règle ne doit pas être trop étendue : souvent l'existence d'une servitude n'est que l'accessoire d'une autre disposition, et on doit appliquer l'article 1018, qui déclare que « la chose léguée sera délivrée avec les accessoires nécessaires et dans l'état où elle se trouve au jour du décès du testateur. » Nous savons, d'ailleurs, qu'une servitude doit comprendre tout ce qui est nécessaire pour en user, (art. 696.)

Il résulte de cette règle que, lorsque par suite d'une vente, d'un partage, d'une donation ou de tout autre acte, un terrain se trouve *enclavé* et séparé de la voie publique, si aucune clause ne statue sur le passage qui servira à y accéder, ce passage devra être fourni par le disposant ou ses héritiers. En effet, deux cas peuvent se présenter : ou il existait avant l'acte une voie aboutissant au chemin public, et alors le silence du disposant ou des contractants équivaut à une convention de servitude, car le passage est un accessoire du fonds et il est vendu avec lui, s'il n'existe pas de stipulation contraire; ou il n'y avait pas de passage apparent, et alors le disposant est tenu d'en fournir un, car les parties contractantes ont dû prévoir que ce passage serait nécessaire; vendre une chose sans une voie pour y accéder, ce serait vendre et retenir. Dans ce dernier cas, s'il existait une autre issue et si le passage réclamé n'était qu'utile et non nécessaire, la solution ne serait pas la même et la vente du fonds n'entraînerait pas nécessairement le droit à la servitude. Cette question se présentera de nouveau lorsque nous parlerons de la servitude légale de passage et nous verrons si dans ce cas il y a lieu à indemnité.

3° Lorsque le titre constitutif n'existe plus, il ne peut être remplacé que par un *titre récognitif*, « le titre constitutif de la servitude, dit l'article 695, à l'égard de celles qui ne peuvent s'acquérir par la prescription, ne peut être remplacé que par un titre récognitif de la servitude, et émané du propriétaire du fonds asservi. »

Il ne faut pas prendre cet article à la lettre, et il ne statue que sur ce qui arrive le plus ordinairement, car nous avons montré que la servitude pouvait parfaitement exister sans être constatée par écrit. Cet article signifie seulement que lorsqu'on ne pourra ni représenter le titre constitutif, ni en prouver l'existence, il faudra nécessairement un titre récognitif pour suppléer à l'acte primitif. Mais à quelles règles ce nouveau titre sera-t-il soumis? Faudra-t-il lui appliquer les prescriptions de l'article 1337; et *sera-t-on obligé de représenter quand même, le titre primordial?*

L'article 695 ne statuant rien à cet égard, il est difficile de prétendre qu'il constitue une dérogation à l'article 1337. Néanmoins, cette opinion est généralement adoptée par les auteurs et par la jurisprudence. Telle est la décision de plusieurs arrêts. (Cass. 16, nov. 1829, — 2 mars 1836 — 23 mai 1855.) Voici les motifs invoqués par ce dernier arrêt : « Attendu que les principes sur lesquels est fondé l'article 1337 n'étaient autrefois admis que pour les cens et rentes féodales, qu'ils n'étaient pas appliqués aux servitudes, que loin d'étendre leur rigueur il faut les restreindre dans les limites fixées par le législateur, et se garder surtout de soumettre à leur puissance les matières régies par des règles spéciales.., que la disposition de l'article 695 particulière pour les servitudes, exclut l'application de celles que contient l'article 1337, qu'il suffit que le titre récognitif invoqué, émane de celui qui a qualité pour reconnaître l'existence de la servitude et en déterminer clairement la nature et la portée... » (J. P. 57, *p.* 615.)

Il faut que l'acte de reconnaissance émane de celui qui a qualité pour reconnaître l'existence de la servitude; mais *peut-il émaner de ce propriétaire seul*, et ne faut-il pas au contraire que le propriétaire du fonds dominant ait été partie à cet acte?

Ici encore, deux opinions contraires sont en présence.

La première qui est soutenue par M. Demolombe, et qui a été consacrée par plusieurs arrêts, pense que le titre peut émaner du propriétaire seul, du fonds servant et cela est logique : en effet, quel est le but d'un acte récognitif? C'est de prouver, dans notre espèce, qu'une servitude a été établie antérieurement, et cet acte n'est pas une nouvelle convention qui a besoin, pour se former, du concours de deux volontés. Pourquoi donc si on admis précédemment que l'article 695 devait être strictement appliqué, pourquoi rejeter une disposition qui y est écrite, expressément *émané du propriétaire du fonds asservi.* (Cass., 16 nov 1829. — Caen, 12 juillet et 4 août 1835.)

La seconde opinion qui paraît être celle de la jurisprudence, soutient que la reconnaissance d'une servitude dans un acte émané du propriétaire du fonds servant, sans que le propriétaire du fonds dominant y ait été partie, ne vaut pas comme titre récognitif de cette servitude, mais a le caractère d'un commencement de preuve par écrit, rendant admissible la preuve testimoniale (Cass., 16 déc. 1863.). Malgré cet arrêt, je n'hésite pas à me ranger à l'opinion contraire qui, je le repète, est conforme aux termes formels de l'article 695, et en outre à l'ancien droit qui n'exigeait pas que la reconnaissance fût contradictoire avec celui auquel la servitude était due.

4° Nous verrons plus tard, par qui la servitude de passage peut être constituée et acquise, mais nous pouvons dire dès maintenant, que le titre doit nécessairement émaner du propriétaire du fonds asservi. En effet, nul ne peut se faire un titre à soi-même, nul ne peut conférer de droits sur la chose d'autrui, et il a été jugé, avec raison que « l'énonciation d'un droit de passage, dans un acte de partage émané des auteurs de celui qui réclame cette servitude, ne peut être opposée comme titre, au propriétaire du fonds prétendu servant. » (Bordeaux, 28 mai 1834. — 28 juin 1839. — Pau, 7 mars 1864.) Aussi l'ancienne maxime *in antiquis* ne peut servir à constater l'existence d'une servitude discontinue, comme un droit de passage. Il en était autrement dans l'ancien droit, lorsque la possession de la servitude était conforme à l'énonciation de contrats anciens, c'est-à-dire ayant plus de quarante ans de date, ce fait suffisait pour que la prétention du réclamant fût admise, encore bien que le propriétaire du fonds servant ou ses auteurs, n'eussent pas été parties dans ces contrats. Ce point ne fait aujourd'hui aucun doute : la maxime *in antiquis* n'est qu'une présomption, or une présomption ne peut être admise que dans le cas où la loi admet la preuve testimoniale (1353) et ici, cette preuve doit être corroborée par un commencement de preuve par écrit qui n'existe pas dans l'espèce, puisque les actes dont il s'agit sont étrangers aux parties, et n'ont pas les caractères exigés par l'article 1320. Il est évident qu'il n'en serait pas de même si ce titre ancien était émané du propriétaire du fonds asservi ou passé contradictoirement avec lui. Bordeaux, 14 janvier 1834. — Paris, 7 mars 1864.

Donc pour savoir si on doit appliquer cette ancienne règle, il suffit de se demander si les actes représentés constituent un commencement de preuve par écrit.

5° Avant la loi du 23 mars 1855, la servitude n'avait pas besoin d'être transcrite pour être opposable aux tiers; néanmoins comme la constitution d'une servitude peut diminuer la valeur du fonds servant, il importe que les tiers qui auraient l'intention d'acquérir ce fonds, sachent par avance, que le droit de propriété n'est pas entier et qu'il est amoindri par l'existence d'une charge grevant l'héritage. Aussi, la loi de 1855 déclare qu'à l'avenir les servitudes n'existeront à l'égard des tiers, qu'autant qu'elles auront été au préalable, notifiées par la voie de la transcription. Voici, d'ailleurs, ce que statue cette loi. « Sont également transcrits : 1° tout acte constitutif d'antichrèse, de servitude, d'usage et d'habitation; 2° tout acte portant renonciation à ces mêmes droits; 3° tout jugement qui en déclare l'existence en vertu d'une convention verbale.

Comme on le sait, la loi ne distingue pas entre les servitudes apparentes ou non apparentes, entre celles qui ont dû nécessairement être connues lors du contrat, et celles qui ont pu être ignorées parce qu'elles ne se révélaient par aucun signe extérieur et visible. Néanmoins la même raison d'exiger la transcription n'existait pas dans l'un et l'autre cas : aussi on s'est demandé si on devait appliquer strictement la loi et comme elle ne faire aucune distinction?

Certains auteurs, et notamment M. Mourlon, qui s'est occupé spécialement de cette question, disent que la loi a commis une *étourderie*, en considérant comme clandestins des droits qui par leur manière d'être sont nécessairement publics; en outre, que cette loi est inconciliable avec l'article 1638 du Code Civil. D'une part, d'après cet article, les acquéreurs sont réputés légalement connaître les servitudes *apparentes* établies sur le fonds et ils doivent les subir dans tous les cas; ils ont su qu'ils achetaient l'immeuble moins le droit réel qui en a été détaché. D'autre part, la loi de 1855 déclare que le même acquéreur est réputé légalement ignorer toute servitude non transcrite. Il y a donc là évidemment deux dispositions inconciliables. Il est probable que les rédacteurs de la loi de 1855 n'ont pas prévu l'objection qu'on leur fait, mais nous qui sommes en présence d'un texte précis, d'une loi qui ne fait aucune distinction et qui est postérieure à l'article 1632, nous devons dire, dans notre espèce, que tout titre de servitude de passage doit être transcrit, soit que cette servitude s'annonce par des ouvrages apparents, soit que rien n'en fasse soupçonner l'existence.

M. Mourlon a proposé un système qui concilie ces deux textes : Si, dit-il, le propriétaire aliénateur du fonds servant a eu soin de déclarer la servitude, soit expressément en aliénant le fonds, soit même implicitement, en stipulant, par exemple, qu'il l'aliène avec *ses charges*, l'acquéreur doit la subir. Si, au contraire, le titre d'acquisition n'en fait aucune mention expresse ou implicite, elle ne leur est pas opposable si elle n'est pas transcrite, car il a entendu acquérir l'immeuble en toute propriété. A l'égard des tiers non parties à l'acte, on doit appliquer la loi de 1855, et la servitude doit nécessairement être transcrite, pour leur être opposable.

Donc toute servitude de quelque nature qu'elle soit, doit être transcrite ; j'ajoute qu'elle doit l'être de quelque manière qu'elle soit constituée. Ainsi : la loi de 1855 n'a soumis à la formalité de la transcription que les actes *entre vifs* translatifs de propriété (art. 1er), elle n'y a soumis ni les testaments, ni les actes de partage, mais un arrêt tout récent de la cour de Pau décide que « les dispositions d'un acte de partage, qui établissent une servitude de passage au profit de l'un des copartageants, ne sont opposables aux tiers que si elles ont été transcrites (26 janvier 1875). Attendu, dit cet arrêt, que les actes de partage ne peuvent pas, il est vrai, être transcrits dans celles de leurs dispositions relatives à la formation des lots et à leur attribution ; mais qu'il en est autrement pour celles de leurs dispositions par lesquelles une servitude de passage est créée sur une parcelle de terre pour l'exploitation d'une autre parcelle de terre ; qu'alors la formalité de la transcription devient une nécessité, les tiers n'ayant pas moins d'intérêt à connaître les servitudes qui proviennent d'un accord entre copartageants, que celles qui proviennent d'un accord entre voisins ; que cette règle ne peut souffrir exception en aucun cas. » (J. P. 1875, *p.* 935.)

Enfin une difficulté a encore été soulevée relativement aux servitudes constituées par donation. D'une part l'article 939 du Code Civil n'exige la transcription que des biens susceptibles d'hypothèque et, d'autre part, l'article 11 de la loi de 1855 dit que « il n'est pas dérogé aux dispositions du Code Napoléon relatives à la transcription des actes portant donation, lesquelles continuent à recevoir leur exécution. » Or une servitude est un droit réel qui, considéré séparément du fonds, ne peut être hypothéqué, donc la donation d'une servitude n'est pas soumise à la transcription. Ce système est soutenu par de nombreux auteurs et M. Troplong l'adopte dans son traité de la transcription. Cependant en présence de sa singularité et des conséquences fâcheuses qu'il entraîne, je pense qu'il doit être rejeté, et que la donation constitutive d'une servitude de passage, doit être transcrite pour être opposable aux tiers. D'ailleurs l'article 2 ne fait aucune distinction et dit formellement : « *Tout acte* constitutif de servitude doit être transcrit. »

II. De la Prescription.

1° Le principe de l'article 691 est absolu et s'applique quelle que soit la personne qui réclame la servitude.
2° Quid de la servitude de passage acquise par prescription dans l'ancien droit.
3° Examen de trois hypothèses douteuses.
4° Renvois.

1° La servitude de passage étant une servitude discontinue ne peut être acquise par prescription : L'article 691 est formel sur ce point : « la possession même immémoriale ne suffit pas pour les acquérir. » En effet, dit Marcadé, la possession doit, pour produire l'usucapion, présenter un caractère de continuité dont la servitude discontinue n'est pas susceptible. M. Demolombe critique cette explication, encore bien qu'elle paraisse conforme à l'article 2229, son système se résume ainsi : une possession peut être continue sans que les actes de cette possession soient répétés à chaque instant, il suffit que le propriétaire du fonds dominant ait exercé son droit, toutes les fois que la servitude a pu lui être utile pour l'exploitation de son héritage ; il faut, en un mot, que les actes de possession soient assez fréquents pour qu'on ne puisse pas croire qu'il ait renoncé à son droit. Le vrai motif de l'article 691, c'est que la possession d'une servitude discontinue est réputée équivoque, à titre précaire et de simple tolérance.

Cette imprescriptibilité est un principe absolu et qui peut être opposé à toute personne. Aussi de nombreux arrêts ont jugé que le passage exercé pendant plus de trente ans par les habitants d'une commune sur une propriété privée ne pouvait faire acquérir à cette commune un droit de servitude. Cass. 16 fév. 1857 (J. P. 57, I, p. 600). — 5 juin 1855 (D. P. 55, 1, 394).

Mais il est évident, d'après ce que nous avons dit au

chapitre précédent, que ce principe ne serait pas applicable si la commune réclamait le droit de passage, non à titre de servitude, mais à titre de propriété ; et il a été jugé « qu'une commune peut, en montrant que le passage exercé par les habitants sur un chemin, l'a été dans un intérêt général et public, être admise à prouver par témoins qu'elle a acquis par une possession trentenaire, un droit de passage à titre de propriétaire sur ce chemin. » 24 mai 1861 (D. P. 61, 2, 118). C'est aux tribunaux à examiner si les faits de possession invoqués par la commune sont assez caractéristiques pour faire présumer cette propriété, si les faits de passage sont accompagnés d'actes manifestant, de la part de la commune, l'intention de posséder le chemin à titre de propriétaire. Req. 15 juin 1868 (D. P. 68, 1, 433). — 29 nov. 1866 (D. P. 67, 1, 263). — 28 mai 1873 (D. P. 75, 1, 127). — 23 juin 1874 (D. P. 75, 1, 124).

On peut donc dire que nul ne peut acquérir par prescription une servitude discontinue, telle qu'un droit de passage et j'ajoute qu'il importe peu que cette servitude soit apparente ou non apparente, car nous avons vu (chap. Ier) qu'il faut se garder de confondre la continuité et l'apparence. C'est un point qui aujourd'hui ne soulève aucune difficulté, ni en doctrine, ni en jurisprudence. Cass. 24 nov. 1835 (D. J. G. serv. n° 117). — 3 fév. 1849 (D. P. 49, 1, 235).

2° Dans l'ancien droit la règle édictée par notre Code dans l'article 691 n'existait pas dans tous les pays et bien des Coutumes admettaient la prescription des servitudes discontinues, or comme la loi n'a pas d'effet rétroactif, on ne peut aujourd'hui attaquer les servitudes de passage acquises par prescription dans certaines provinces, avant la publication du Code Civil. L'article 691 consacre ce principe en disant : « sans qu'on puisse attaquer aujourd'hui les servitudes de cette nature déjà acquises par la possesion dans les pays où elles pouvaient s'acquérir de cette manière. » Mais pour que cet article soit applicable, il faut que la possession ait duré au moins trente ans avant la promulgation du Code? Cass. 15 août 1833; — 31 mai 1837. — Bordeaux, 8 fév. 1832.

3° J'arrive à l'examen de trois hypothèses, dans les quelles on a traité le point de savoir, si la prescription pouvait s'appliquer aux servitudes discontinues.

PREMIÈRE HYPOTHÈSE. J'acquiers par un *juste titre* une servitude de passage sur le fonds voisin, mais celui avec lequel j'ai traité, que je croyais propriétaire et qui passait généralement pour tel, n'est en réalité qu'un possesseur à titre précaire. Puis-je invoquer mon juste titre et ma bonne foi comme bases d'une prescription et soutenir, que dans ce cas, l'article 691 n'est pas applicable? Trois systèmes sont en présence :

Premier système. Il est soutenu par Delvincourt et Duranton, on peut le résumer ainsi : Lorsqu'en vertu d'un titre *coloré*, un propriétaire a exercé de bonne foi, pendant dix ans entre présents ou vingt ans entre absents, une servitude discontinue, il peut prétendre l'avoir acquise comme il aurait pu acquérir dans le même cas la pleine propriété de l'immeuble (Art. 2265 et 2266); qui peut le plus, peut le moins; pourquoi donc être plus exigeant pour l'acquisition d'une simple servitude que pour celle de la propriété? L'article 2265 déclare en effet que celui qui acquiert avec juste titre et de bonne foi un immeuble, en prescrit la propriété par dix ou vingt ans : or l'article 526 range les servitudes réelles au nombre des immeubles, donc ces servitudes s'acquièrent aussi par dix ou vingt ans. Conf. Colmar, 17 juillet 1811.

Deuxième Système. Une servitude, discontinue ou

non, peut être acquise par la prescription *trentenaire* lorsqu'elle est exercée de bonne foi et en vertu d'un juste titre.

Dans ce cas, dit un arrêt de la Cour de Cassation, la possession de l'acquéreur ne peut être regardée ni comme précaire ni comme acte de pure tolérance; la servitude n'a rien d'équivoque, puisqu'elle s'exerce en vertu d'un titre et que l'acquéreur la considère comme un droit lui appartenant; il a été autorisé à se croire maître de la servitude par le titre qui imprimait à l'exercice qu'il en faisait, le caractère de possession de sa propre chose (16 juillet 1849). C'est donc avec raison que le premier système admet l'acquisition de la servitude par prescription.

Mais en ce qui concerne le délai de cette prescription on ne peut assimiler la servitude à la propriété, et cela pour plusieurs raisons : En droit, l'article 2264 dit que « les règles de la prescription sur d'autres objets que ceux mentionnés dans le présent titre (de la prescription) sont expliquées dans les titres qui leur sont propres; » or le titre des servitudes ne parle que de la prescription de trente ans (690); donc ce délai est seul applicable. En fait, si on peut supposer une renonciation à un droit de propriété après un laps de dix ou de vingt ans, la même présomption ne s'applique pas nécessairement à un droit de servitude qui peut être occulte, et dont le propriétaire, s'il est éloigné, peut ignorer l'existence. En supposant même une servitude apparente, un passage s'annonçant par un chemin tracé ou une porte, le principe n'en reste pas moins vrai, car le propriétaire a pu tolérer le passage à titre de bon voisinage. Ce système, soutenu par Toullier, a été adopté par M. Dalloz qui prouve qu'il est conforme à l'ancien droit et qu'il ne faut pas attacher une trop grande importance aux termes dans lesquels a été rédigé l'article 691. Cet article s'explique d'ailleurs fort bien, puisque dans notre espèce il existe un juste titre.

Troisième système. L'article 691 est formel, les servitudes discontinues ne peuvent s'établir que par titres.

L'acquéreur *a non domino* jouissant de bonne foi et en vertu d'un juste titre, n'acquiert la pleine propriété que par prescription ; or, celui qui jouit d'une servitude dans les mêmes conditions est exactement dans la même situation ; si donc on admettait le système précédent la servitude serait acquise par prescription et non par titre.

On soutient que le juste titre et la bonne foi donnent naissance à une vraie possession non entachée de précarité? Cela est vrai en ce qui concerne celui qui a constitué la servitude, mais quant au véritable propriétaire, qui, lui, n'a fait aucune aliénation, qui n'a concédé aucun droit, n'est-ce pas par pure tolérance qu'il laisse passer sur son fonds? (MM. Demolombe et Troplong).

De ces trois systèmes, lequel adopter? Le premier est réfuté par des raisons qui me semblent concluantes et qui ont été exposées par le second système. Quant aux deux autres, les motifs pour et contre sont également sérieux : l'un a pour lui l'ancien droit, l'autre la lettre de l'article 691.

DEUXIÈME HYPOTHÈSE. Je prétends avoir le droit de passer sur le fonds de mon voisin ; celui-ci s'y oppose ; je lui fais alors *signifier* qu'il ait à s'abstenir à l'avenir de tout obstacle qui puisse entraver l'exercice de mon droit, il obéit et je passe librement pendant trente ans. Après ce délai, mon voisin propriétaire du fonds dominant sera-t-il fondé à venir prétendre que je n'ai pas de titre et que je n'ai pu acquérir un droit de passage par prescription?

Comme la précédente, cette question est discutée. Dans

un sens, on peut dire que la *contradiction* apportée au droit du propriétaire du fonds servant a fait courir la prescription et que ce dernier ne peut plus s'opposer à l'exercice de la servitude. Ce système est adopté par M. Troplong qui, cependant, n'admet pas qu'un titre coloré puisse faire courir la prescription.

Au contraire, M. Dalloz, après avoir admis la prescription dans l'hypothèse précédente, la repousse dans celle-ci. — M. Demolombe plus logique donne la même solution dans les deux cas. En effet, l'acte de contradiction émane du propriétaire du fonds dominant, et nul ne peut se faire un titre à soi-même. Dira-t-on qu'en y obéissant mon voisin a approuvé ma réclamation, que son silence et son abstention prouvent une reconnaissance et un aveu de mon droit? Mais n'est-ce pas plutôt une simple tolérance de sa part? Il y a donc les mêmes raisons de douter que dans l'hypothèse précédente. De plus, si quelquefois la contradiction peut servir à fonder une possession (art. 2238), ce n'est pas dans notre espèce, car nous savons ce que statue à cet égard l'article 2264. Aussi un arrêt de Cassation a décidé que les servitudes, dont parle l'article 691, ne cessent pas d'être imprescriptibles quoiqu'il y ait eu contradiction.

Troisième hypothèse. Enfin je suppose que j'aie acquis une servitude par un titre *coloré*, c'est-à-dire d'une personne que je croyais faussement être propriétaire du fonds servant; plus tard le véritable propriétaire s'oppose à ce que j'exerce mon droit prétendu; je lui *notifie* alors mon contrat d'acquisition, lui faisant défense de m'empêcher de passer à l'avenir. Il ne dit rien et j'use de la servitude pendant trente ans.

Devra-t-on encore appliquer strictement l'article 691? La première opinion répond non. En effet, on ne peut plus dire que la possession est à titre précaire, car ces deux faits, la notification du contrat et la contradiction, font que le propriétaire du fonds servant, n'a pu ignorer que c'était un véritable droit de servitude que je prétendais exercer. Son silence est évidemment, de sa part, une ratification sur laquelle on ne peut l'admettre à revenir, lorsqu'il l'a maintenue pendant trente ans.

L'opinion contraire répond toujours par les mêmes arguments : Pas de servitude sans titre ; or, vous n'avez pas de titre ; donc vous n'avez pas acquis de servitude.

4° Enfin, deux questions restent à examiner en ce qui concerne la prescription d'un droit de passage : la première consiste à savoir si on ne peut pas prescrire le mode de la servitude, c'est-à-dire si lorsque la servitude de passage est établie par titre, on ne peut pas l'étendre, la changer ou la modifier par prescription. J'examinerai cette question au chapitre VII. Une autre, est celle de savoir si les principes que nous avons exposés plus haut relativement à la prescription sont applicables à la servitude de passage, en cas d'enclave. Cette question fera partie de la section II du présent chapitre.

III. De la Destination du Père de Famille.

1° Comment concilier les articles 692 et 694. — Cinq systèmes.
2° La servitude par destination du père de famille doit-elle être transcrite.

Il y a destination du père de famille, lorsque deux fonds actuellement divisés, ont appartenu au même propriétaire, et lorsque c'est par lui que les choses ont été mises (ou laissées), dans l'état duquel résulte la servitude (693).

Lorsque cette destination est prouvée, le code admet qu'elle remplace un titre, et qu'elle est un mode d'acquérir les servitudes.

1° *A quelles servitudes peut-elle être appliquée?* Aux servitudes continues et apparentes, répond l'article 692.

Mais l'article 694 ajoute : « Si le propriétaire de deux héritages, entre lesquels il existe un signe *apparent* de servitude, dispose de l'un des héritages sans que le contrat contienne aucune convention relative à la servitude, elle continue d'exister activement ou passivement en faveur du fonds, ou sur le fonds aliéné. »

L'article 692 exige que la servitude soit tout à la fois continue et apparente, tandis que l'article 694 n'exige qu'un signe apparent et semble dire qu'une servitude discontinue et apparente peut être établie par la destination du père de famille. Lequel croire de ces deux articles, ou comment les concilier? De cette question nait une grande discussion et de nombreux systèmes.

Premier système. L'article 694 n'est que la suite et le supplément de l'article 692 ; dans tous les cas la continuité est donc exigée (Malleville, Delvincourt, Toullier.)

La servitude de passage ne peut s'acquérir par destination du père de famille.

Deuxième système. L'article 694 doit seul être suivi, il abroge en partie l'article 692 (Toullier.) Par suite la servitude de passage peut s'acquérir par destination du père de famille.

Le premier système rend l'article 692 complétement inutile. Le second suppose que les législateurs ont été bien inconséquents en variant ainsi en si peu de temps. Pourquoi alors, dans ces deux hypothèses, laisser subsister dans le Code, celui des deux articles qui était devenu inutile ?

Troisième système. Si la séparation des deux fonds a lieu par suite d'un partage entre cohéritiers ou copropriétaires, on doit appliquer l'article 692; si au contraire c'est le propriétaire lui-même qui par une vente, donation *etc.*, a séparé les deux fonds, on appliquera l'article 694. La servitude de passage doit donc pour exister être, dans un partage, formellement exprimée; dans tout autre acte elle peut résulter de la destination du père de famille sans qu'il soit besoin de rien statuer à cet égard.

Ce système se fonde sur l'ancien droit (Voy. Cout. Norm.)

Quatrième système. L'article 692 s'occupe de l'établissement de la servitude par destination du père de famille. Dans ce cas, il faut que la servitude soit continue et apparente. Quant à l'article 694, il prévoit le cas où une ancienne servitude, éteinte par la réunion de deux fonds dans la même main, vient à renaître par une nouvelle séparation de ces fonds ; il suffit alors que la servitude soit apparente. Donc une servitude de passage s'annonçant par des ouvrages apparents sera établie par destination du père de famille, si anciennement et avant que les deux fonds soient réunis dans la même main, cette servitude existait. Dans tout autre cas, la destination du père de famille ne pourra pas créer une servitude de passage; elle devra, pour exister, être formellement exprimée dans le titre.

Cela résulte de la discussion devant le Tribunat où cette distinction a été formellement faite. Après avoir écrit l'article 692, il était tout naturel de prévoir le cas où la servitude aurait existé antérieurement à la réunion des deux fonds dans la même main, « dans ce cas, dit le tribun Albisson, on peut croire que la servitude est éteinte, et lorsqu'une nouvelle aliénation a lieu, il faut la rétablir expressément ; mais cela est inutile si la servitude est apparente et a pu être connue par l'acquéreur. »

Cette opinion est soutenue par MM. Marcadé, Zachariæ, Troplong, Dalloz, et un arrêt de Cassation du 24 janvier 1840. — Au contraire, M. Demolombe dit qu'il ne faut pas attacher trop d'importance aux travaux préparatoires du code, ni surtout à l'opinion personnelle d'un législateur. En outre, on fait une sérieuse objection, c'est que ce système est contraire à l'article 705, qui veut que toute servitude soit éteinte par confusion. Cette objection, il est vrai, avait été prévue par M. Albisson, qui y répond dans son rapport.

Ce système a pour lui l'avantage incontestable de s'appuyer sur l'opinion formelle et non contredite du rapporteur de la loi. Néanmoins il est condamné par la jurisprudence, et il a été jugé que « celui qui réclame une servitude de passage, en vertu d'une destination du père de famille, n'est pas tenu de prouver que les deux immeubles ne se sont pas toujours trouvés dans la même main, il lui suffit d'établir qu'il existe un signe apparent, et que la convention ne contient aucune stipulation contraire. » Cass., 30 nov. 1853 (D. P. 54, 1, 17.) — 15 mai 1862 (D. P. 62, 2, 211.) — 7 avril 63 (D. P. 63, 1, 413.)

Cinquième système. Les deux articles 692 et 694, s'occupent, l'un et l'autre, de la destination du père de famille, mais cette destination du père de famille a plus ou moins de force, suivant que la servitude est continue et apparente, ou simplement apparente.

Si la servitude est continue et apparente, celui qui l'invoque n'a besoin que de prouver la destination du père de famille,

Si la servitude est simplement apparente, l'acte par suite duquel la séparation des fonds a eu lieu, doit être représenté, afin qu'on voie, s'il ne contient rien de contraire à l'existence de la servitude.

Ce système, dit M. Demolombe, est celui qui est le plus conforme aux principes, et il se concilie parfaitement avec les deux articles dont il s'agit.

Lorsqu'une servitude continue et apparente résulte de la division d'un héritage, si les parties n'on rien statué à cet égard, on présume qu'elles ont voulu la maintenir, car cette servitude est constitutive de la manière d'être de ces héritages. Quand la servitude réclamée est discontinue et apparente, cette présomption n'a pas la même force. Les ouvrages extérieurs annonçant l'existence d'une servitude, ont bien dû avertir les parties, et si elles n'en ont rien dit, c'est qu'elles ont entendu maintenir ce qui existe. Néanmoins, comme dans ce cas, un signe quelqu'apparent qu'il soit, peut paraître équivoque, il importe d'examiner le contrat, afin de voir si cette présomption est corroborée par le silence du titre, et si aucune clause n'est contraire au maintien du signe apparent.

Cette opinion est de plus conforme à l'ancien droit : La Coutume de Paris admettait, en effet, l'établissement des servitudes par la destination du père de famille, mais elle voulait que cette destination fût corroborée par la représentation du titre qui avait opéré la séparation des héritages. Le Code a adopté cette disposition pour le cas où la servitude est simplement apparente.

Enfin ce système, basé sur la volonté présumée des parties, est appuyé par l'article 1638. Il résulte, en effet, de cet article que « si l'héritage vendu est grevé, sans qu'il en ait été fait de déclaration de servitudes *non apparentes*, » l'acquéreur n'est pas forcé de les subir. Donc *à contrario*, si la servitude est apparente, l'acquéreur devra la subir, dès lors qu'aucune clause de contrat ne l'en déchargera.

Telles sont les diverses opinions qui ont été présentées sur cette question. On ne pourrait véritablement hésiter qu'entre les deux dernières. Cependant je crois qu'aujourd'hui la jurisprudence est fixée, et nous pouvons conclure qu'une servitude de passage peut être acquise par destination du père de famille, à ces seules conditions : 1° qu'au moment où les héritages sont séparés, cette servitude se manifeste par un signe apparent; 2° que l'acte qui opère cette séparation ne contienne rien de contraire au maintien de cette servitude. Cass.,

17 nov. 1847 (D. P. 47, 1, 376). — Paris, 7 déc. 1850. — 30 nov. 1853. — Paris, 15 mai 1862. — Cass., 7 avril 1863 (D. P. 63, 1, 413). — 27 mars 1866 (D. P. 66, 1, 339). — Caen, 20 mars 1869, *p.* 145. — Cass., 12 janv. 1869 (D. P. 69, 1, 224). — Cass., 6 déc. 1869. — Cass., 5 juin 1872 (D. P. 72, 1, 231).

C'est aux juges qu'il appartient de déclarer l'existence de ce signe. Il faut et il suffit que l'apparence soit telle, qu'on ne puisse la mettre en doute. Ainsi il a été jugé : « que de simples ornières, ou un chemin à peine tracé, dans des terres incultes, ne suffiraient pas pour établir une servitude de passage. » Bourges, 24 nov. 1830. — Colmar, 26 mai 1831. — Cass., 12 janv. 1869 (D. P. 69, 1, 224). — 10 déc. 1866 (D. P. 67, 1, 498). 6 déc. 1869 (D. P. 71, 1, 53). — Caen, 20 fév. 1845 (*p.* 82). — Caen, 26 fév. 1842 (*p.* 611). — Caen, 19 nov. 1874 (75, *p.* 108).

2° La servitude de passage par destination du père de famille existant sans qu'un titre l'établisse formellement, on peut se demander si elle doit être transcrite? M. Dalloz soutient la négative, car, dit-il, c'est la loi qui l'établit, puisqu'elle prend soin de déclarer dans l'article 692 que la destination du père de famille vaut titre. — Comment d'ailleurs pourrait-on transcrire un acte qui n'existe pas? M. Mourlon dit au contraire que la destination du père de famille étant basée sur une convention tacite, résulte du fait de l'homme, et que, par conséquent, cette convention doit être soumise à la transcription. Il veut que pour remplacer cette convention tacite, qui n'est pas écrite, il soit fait, à cet effet, au bureau des hypothèques, une déclaration affirmative, destinée à suppléer à l'absence du titre (Transc., n° 278). Cette théorie de M. Mourlon ne nous paraît pas admissible, car elle est en contradiction avec le principe de la loi sur l'établissement des servitudes par destination du père de famille. En effet, il n'y a pas de titre et il ne peut y en avoir puisque l'article 692 y supplée.

SECTION II.

SERVITUDE LÉGALE DE PASSAGE EN CAS D'ENCLAVE.

I. Conditions essentielles de l'acquisition de la servitude légale de passage.
II. Fixation du passage.
III. De la prescription en cas d'enclave.
IV. De la transcription en cas d'enclave.

Nous venons de voir comment on peut ordinairement acquérir une servitude de passage. Toutes les règles que nous avons données à ce sujet sont basées sur la volonté présumée des parties contractantes, elles dérivent de ce principe, que nul ne peut être contraint à céder une partie de sa propriété. Il nous reste à examiner un cas spécial, celui où un fonds est enclavé et où une servitude de passage est nécessaire pour accéder à ce fonds.

Dans ce cas, la loi en faveur tout à la fois de l'intérêt général et particulier accorde elle-même un titre au propriétaire du fonds enclavé ; il y a là une clause d'acquisition toute spéciale et qu'il nous faut examiner.

I. Conditions essentielles.

1° Caractère distinctif de cette servitude.
2° Quand y a-t-il enclave ?
3° Le passage est accordé dans l'intérêt de l'exploitation du fonds.
4° Le propriétaire du fonds servant a droit à une indemnité proportionnée au dommage que lui cause le passage.

1° Tout d'abord il importe de déterminer en quoi cette servitude de passage de *nécessité* diffère de celle dont nous avons parlé jusqu'ici, c'est-à-dire du passage de simple utilité. Il n'existe de différence qu'au point de vue de l'acquisition. Toute servitude de passage créée sur un fonds est discontinue, et quelle que soit la cause de son existence, elle est soumise aux règles qui régissent les servitudes discontinues.

Mais, peut-on dire, n'en est-il pas de même pour l'acquisition ; est-ce que dans l'un et l'autre cas le droit de passage n'existe pas en vertu d'un titre ; est-ce que le propriétaire enclavé n'est pas lui-même obligé de s'adresser à ses voisins pour obtenir ce titre ? Il est parfaitement vrai que la servitude existe dans les deux cas en vertu d'un titre, mais ce titre émane de deux sources différentes : le passage de simple utilité résulte de la libre volonté du propriétaire du fonds servant, tandis que le passage de nécessité est fondé sur un titre qui est accordé par la loi elle-même; et si, même dans ce cas, le propriétaire du fonds servant doit intervenir, ce n'est que pour le règlement et la détermination de l'exercice de la servitude; dans le premier cas, le droit de passage émane de la volonté d'un propriétaire, dans le second, ce droit émane de la loi seule. Cette théorie est contenue dans un arrêt de Cassation du 23 août 1827, qui dit que le droit de passage en cas d'enclave s'établit par la nécessité, titre suffisant par lui-même pour créer une servitude de cette nature. Aussi, dès qu'il y a enclave le droit de réclamer un passage subsiste, il est imprescriptible. On verra d'ailleurs les importantes conséquences qui résultent de cette distinction.

L'acquisition de la servitude légale de passage est réglée par les articles 682 et 685 du Code Civil. Article 682 : « Le propriétaire dont les fonds sont enclavés et qui n'a aucune issue sur la voie publique, peut réclamer un passage sur les fonds de ses voisins pour l'exploitation de son héritage, à la charge d'une indemnité proportionnée au dommage qu'il peut occasionner. »

2° Pourqu'il y ait lieu d'obtenir une servitude légale

de passage, la seule condition exigée est qu'il y ait enclave, c'est-à-dire qu'il n'y ait aucune issue sur la voie publique; s'il n'existait qu'un chemin impraticable, la servitude légale de passage pourrait encore être réclamée, mais il en serait autrement si le chemin n'était que difficile et incommode. Caen, 2 janv. 1869 (*p*. 24). — Req. 4 juin 1866. (D. P. 67, 1, 10.) En un mot, un fonds est enclavé quand il y a impossibilité absolue d'y accéder. Aussi il a été jugé par de nombreux arrêts, que le droit de réclamer un passage sur le fonds voisin, ne peut être exercé par le propriétaire d'un fonds attenant à un chemin qui parait public et dont l'usage ne lui est point contesté, encore bien que pour faciliter l'exploitation de sa propriété par cette issue, ce propriétaire soit contraint de se livrer à des travaux et à des dépenses. Rennes, 22 mars 1826. — Colmar, 10 mai 1831. — Caen, 16 mars 1861, *p*. 140. Au contraire il y aurait enclave si ces travaux étaient excessifs et d'une valeur qui ne fût pas en rapport avec celle de la propriété. Caen, 10 janv. 1861, (*p*. 140) et 14 janv. 1861 (*p*. 50.) Cass., 14 avril 1852.

Donc la constatation de l'enclave, dans ce cas, résulte de l'estimation de la valeur des travaux nécessaires, comparés à la valeur du fonds. Il en serait ainsi quand même l'héritage aurait à sa disposition un passage périlleux ou insuffisant pour son exploitation, Cass., 14 janvier 1847. — 2 août 1854. — Caen, 16 août 1859 (*p*. 159.) En outre, de nombreux arrêts ont jugé qu'une propriété qui n'a d'issue que sur une rivière est enclavée : que même un chemin de hallage n'est pas considéré comme un chemin public, sa destination étant réservée au service exclusif du fleuve, et que les fonds voisins ont le droit de réclamer un passage par ailleurs.

Un fonds enclavé qui exerce un passage à simple titre de tolérance, n'est pas réputé enclavé, tant que ce passage ne lui est pas contesté. Cass., 30 avril 1835. — 27 fév.

1839.—J'admettrais cette décision si le passage exercé à titre de tolérance était aussi facile que celui qui pourrait être obtenu légalement; mais, dans tout autre cas, je ne vois pas pourquoi le propriétaire du fonds enclavé serait privé par la bonne volonté de l'un de ses voisins, d'un droit qui lui est donné par la loi. Toutes ces questions, d'ailleurs, naîtront dans chaque affaire, avec des caractères différents, que les magistrats apprécieront souverainement.

L'enclave peut résulter de diverses circonstances telles qu'un éboulement, l'envahissement d'un terrain par les eaux, ou de toute autre force majeure. A ce sujet, plusieurs questions ont été soulevées dans la pratique.

Lorsque l'enclave résulte d'une expropriation pour cause d'utilité publique, et que le propriétaire enclavé aurait pu requérir l'acquisition intégrale de son terrain conformément à l'article 50 de la loi de 1841, peut-il se prévaloir de l'article 682? Un arrêt de la cour de Paris répond affirmativement, se basant sur ce que l'article 50 de la loi de 1841 ne confère à l'exproprié qu'une faculté dont il est libre d'user ou de ne pas user.

De même, si un fonds a été cédé amiablement pour la construction d'un chemin de fer, et qu'il en soit résulté une enclave, l'article 682 sera applicable; car cette aliénation, quoique volontaire, n'a eu pour but que de prévenir une expropriation. Alger, 15 juin 1867.

Lorsqu'un terrain contigu à la voie publique devient enclavé par suite d'un partage ou d'une aliénation quelconque d'une partie d'un fonds, devra-t-on appliquer les articles 682 et suivants, ou bien, au contraire, le passage devra-t-il s'exercer comme avant la division des fonds et par le même endroit?

J'ai répondu à cette question, *p.* 76. Il s'agit, en effet, dans ce cas, d'un passage dérivant de la convention ou de la disposition des parties, né du fait de l'homme et auquel ne s'applique pas l'article 682. Il faut donc recourir aux principes de la garantie, et réclamer le passage, soit aux autres copartageants, soit au vendeur, soit aux héritiers du testateur. Les arrêts sont nombreux dans ce sens. : Cass., 27 avril 1868 (D. P. 68, 1, 337.) — 24 avril 1867 (D. P. 67, 1, 227.) — Cass., 1er août 1861.

Il en serait ainsi, lors même que l'acquéreur ou le copartageant aurait renoncé formellement à réclamer le droit de passage dérivant implicitement de son acquisition. Cass., 1860. (D. P. 60, 1, 176.) Cette renonciation ne pourrait être opposée au tiers qui ne saurait être assujetti à une servitude d'enclave par l'effet de fractionnements d'héritage, auxquels il est demeuré étranger.

Toutes ces décisions sont fondées 1° sur la volonté présumée des parties qui ont dû prévoir qu'un passage serait nécessaire et qui sont censées l'avoir accordé dès lors qu'elles n'ont rien stipulé à cet égard; 2° sur les principes de la vente qui imposent deux obligations au vendeur, celle de délivrer et de garantir la chose vendue. Or, aux termes de l'article 1615, l'obligation de délivrer comprend les accessoires de la chose et tout ce qui a été destiné à son usage perpétuel. Ce passage doit donc s'exercer sans qu'il y ait lieu à aucune indemnité, à moins que quelque circonstance particulière n'indique une intention contraire de la part des parties contractantes.

3° Le principal but de l'article 682, est qu'aucun héritage ne reste inculte ou inutile; le passage qu'il accorde, doit donc pouvoir servir à tous les besoins du fonds enclavé. Aussi, lorsque le passage primitivement constitué devient insuffisant par suite de quelque modification dans l'exploitation du fonds, il peut être modifié et augmenté sauf nouvelle indemnité. Il faut donc ajouter à ces mots *n'a aucune issue sur la voie publique*, ceux-ci ou *qu'une issue insuffisante.* Poitiers, 19 mars 1861 (D. P. 63, 2, 148.) — Cass., 8 juin 1836. — Bordeaux, 18 juin 1840. — Caen, 16 avril 1859, *p.* 159. (D. P. 59, 2, 199.) — Caen, 10 janvier 1861 (*p.* 139.) D'ailleurs, le principe posé, il appartient aux tribunaux de l'appliquer dans une mesure plus ou moins large suivant chaque espèce.

Comment faut-il entendre ces mots de l'article : pour l'*exploitation* de son héritage. Le mot exploitation est générique, et pour que l'article 682 soit applicable, le fait d'enclave suffit, et il n'est pas besoin d'examiner qu'elle est la nature de l'immeuble, ni qu'elle est sa destination si ce n'est, comme on l'a dit, pour déterminer l'étendue du passage. Ainsi cet article s'applique aux maisons d'habitation, 7 déc. 1850 (D. P. 54, 5, 701.) Pau, 14 mars 1831, et aux exploitations industrielles et commerciales, 22 mai 1832; c'est donc à tort que certains auteurs ont soutenu le contraire. Zachariæ, Pardessus, Marcadé.

4° La servitude de passage, en cas d'enclave, étant concédée par la loi elle-même, nous en avons conclu que celui qui veut l'exercer n'a besoin de réclamer aucun titre à ses voisins; mais ceux-ci ont droit à une indemnité proportionnée au dommage que peut leur causer ce passage. C'est là une règle d'équité et une application du principe que, même en cas d'utilité publique, nul ne peut être contraint à céder sa propriété, que moyennant une juste indemnité. Il n'y a pas là l'achat d'une servitude, mais bien la juste compensation d'un préjudice inévitable. Aussi si le passage ne causait au voisin aucun préjudice, si, par exemple, il s'exerçait sur un terrain vague, cette indemnité ne serait pas due. Mais si, plus tard, ce terrain était mis en culture, si des constructions y étaient faites, est-ce qu'alors le droit à l'indemnité ne naîtrait pas? Pour que cette question puisse être posée, il faut qu'il ne se soit pas écoulé trente ans depuis les premiers faits de passage, sinon l'action en indemnité serait prescrite (685).

Si à l'origine aucun règlement n'avait été fait, il est évident que le propriétaire du fonds servant pourrait encore réclamer; mais, dans le cas contraire, donner à ce propriétaire le droit de revenir sur une convention faite, ne serait-ce pas aller bien loin?

L'article 682 n'exige pas que cette indemnité soit payée préalablement à tout fait de passage; on en a conclu qu'elle pourrait être fixée ultérieurement, qu'un délai pouvait être accordé pour la payer et même qu'elle pouvait consister en une somme annuelle et non en un capital. M. Demolombe n'est pas de cet avis et soutient que si l'état qui exproprie un citoyen est tenu de payer préalablement une indemnité, il doit en être de même pour un simple particulier. La jurisprudence n'est pas fixée à cet égard.

Si les parties ne sont pas d'accord sur toutes ces questions et s'il s'élève entre elles des difficultés, il est évident que le tribunal peut être saisi; il statuera après avoir ordonné tels errements qu'il jugera convenables.

II. — Fixation du passage.

1° Règle des art. 683 et 684, sur quels fonds peut avoir lieu le passage?
2° Y a-t-il lieu de distinguer quelle est la nature de ces fonds.

Nous avons vu au profit de quels héritages la servitude de passage a été créée, voyons maintenant quels sont ceux qu'elle doit grever.

1° La loi devait nécessairement régler ce point afin d'éviter l'arbitraire. Les règles à suivre sont dans les articles suivants :

Article 683 : « Le passage doit régulièrement être pris du côté où le trajet est le plus court du fonds enclavé à la voie publique. » Article 684 : « Néanmoins il doit être fixé dans l'endroit le moins dommageable à celui sur le fonds duquel il est accordé.» Il résulte des termes (*régulièrement*) dans lesquels sont rédigés ces articles : 1° que les juges, pour fixer le passage, n'auront pas uniquement à se demander par où le trajet sera le plus court, mais qu'ils devront aussi se préoccuper du dommage qui pourra être occasionné ; 2° Que ces deux règles serviront à déterminer d'abord sur lequel des fonds voisins sera accordé le passage, ensuite par quel endroit de ce fonds il s'exercera. Bordeaux, 15 janv. 1835. — Cass., 29 déc. 1847 (D. P. 48, 1, 204). — Bourges, 9 mars 1858 (D. P. 59, 2, 38).—Rouen, 14 juin 1869 (*p.* 333.) On peut donc ordonner que le passage sera exercé non plus sur celui des héritages enclavants qui offre le trajet le plus court, mais bien par un autre fonds ou le passage sera plus praticable et moins dommageable. Bourges, 1858. De même, le propriétaire obligé de fournir le passage peut le livrer dans l'endroit de son terrain où le trajet est le plus long, mais où il lui est le moins dommageable.

Enfin les tribunaux devront aussi considérer l'intérêt du fonds enclavé et concilier par leur décision l'intérêt de l'agriculture avec le respect dû à la propriété ; ils auront aussi à se préoccuper des usages locaux (art. 645) Cass., 1er mai 1811. — 8 janv. 1838.

Le propriétaire des fonds sur lesquels un passage est réclamé ont souvent un grand intérêt à contester cette réclamation, ils peuvent prétendre qu'ils ne sont pas tenus de le fournir et que les conditions posées par la loi seraient mieux remplies en s'adressant à tel ou tel autre voisin : le propriétaire du fonds enclavé aura donc intérêt à mettre en cause tous ses voisins, afin de ne pas voir rejeter sa demande comme mal fondée. Mais il pourrait aussi n'en assigner qu'un seul, et s'il démontrait que c'est par ce côté que le passage est le plus court et le moins dommageable, les tribunaux ne sauraient dire que son action a été mal intentée. (Bordeaux, 15 janvier 1835.)

Lorsque le fonds servant aura été ainsi déterminé, les tribunaux auront à fixer sur quelle partie de ce fonds le passage s'exercera, et, en outre, à quelles conditions et dans quelle étendue.

2° Le passage sera accordé et les articles 683 et 684 seront applicables quelle que soit la nature des fonds voisins. Il aura lieu aussi bien à travers une cour, une maison, un jardin, qu'à travers un terrain ouvert et non bâti; il existera même sur les fonds du domaine public, mais, dans ce cas, l'établissement du passage se trouvera en lutte avec l'intérêt général; il y aura à examiner lequel doit l'emporter. Ainsi le passage sur un chemin de fer pourra être refusé ou réglémenté, l'administration pourra décider qu'il n'aura lieu que d'une certaine manière et à certains moments.

III. De la Prescription en cas d'enclave.

I. Prescription du passage. Quid sur un immeuble inaliénable
II. Prescription de l'indemnité.
1° Cas prévus par l'article 685;
2° Nature de cette prescription.

I. La fixation du passage ne peut-elle résulter que d'une convention ou d'une décision judiciaire fondées sur les articles 683 et 684, ou bien, au contraire, la prescription de trente ans peut-elle suffire à déterminer soit le fonds, soit la partie de ce fonds sur laquelle le passage sera exercé? On pourrait répondre que la servitude de passage étant discontinue ne peut s'établir par prescription et qu'il n'y a pas d'exception à cette règle; mais si l'on se souvient de la distinction que nous avons faite au commencement de cette section, on verra que rien ne s'oppose à l'admission de la prescription dans cette espèce. En effet, il ne s'agit pas ici d'acquérir une servitude discontinue par prescription, puisque le droit de passage existe en vertu d'un titre conféré par la loi; la prescription ne fait donc pas acquérir un droit, son seul avantage est de libérer le maître de la servitude de l'action qu'aurait pu lui intenter le propriétaire du fonds servant; c'est cette action qui est prescrite par trente ans. A l'origine, le voisin avait, en effet, le droit de soutenir que le passage devait être exercé soit sur un autre héritage, soit par un autre endroit de son propre fonds, soit enfin suivant un autre mode. Il est resté trente ans sans élever ces prétentions, et la loi, par suite, présume qu'il y a renoncé. Ce système est aujourd'hui conforme et à la doctrine et à la jurisprudence. Cass., 26 août 1874 (D. P. 75, 1, 124). Orléans, 18 juin 1868 (D. P. 68, 2, 237). Caen 1845 (1861, *p.* 50). — 1870, R. (*p.* 48).

On peut ainsi acquérir par prescription un passage même sur un fonds *inaliénable* de sa nature, tel qu'un bien dotal ou un domaine appartenant à l'État. En effet: 1° l'article 2227 soumet l'État aux mêmes prescriptions que les particuliers; 2° cette servitude étant légale les tribunaux auraient pu l'ordonner en cas de refus; or, si elle peut être acquise au moyen d'une convention ou d'un jugement, elle peut l'être également par la prescription, qui fait présumer l'existence originaire de cette convention ou de ce jugement.

Mais en serait-il de même si le passage sur ce fonds n'était pas le plus court pour arriver à la voie publique et s'il eût été aussi commode de l'exercer sur d'autres fonds voisins, aliénables et prescriptibles? Un arrêt de la cour de Cassation du 20 janvier 1847 a décidé que, dans ce cas, la prescription trentenaire ne pourrait être la base d'aucune détermination, car, dit-il, une servitude de passage ne saurait être établie en vertu de la loi que dans ce cas, et sous les conditions qu'elle a déterminées (D. P. 47, 1, 110.)

La doctrine contraire est soutenue par la majorité des auteurs, notamment MM. Troplong et Demolombe. La servitude nécessaire pour cause d'enclave s'applique, disent-ils, à tous les immeubles sans distinction, car il n'y a ni aliénabilité ni imprescriptibilité à l'encontre de la loi elle-même. D'ailleurs le titre est dans la loi, et la prescription ne fait rien acquérir; elle fait simplement supposer l'existence à l'origine d'un règlement entre les parties. Dira-t-on que les articles 683 et 684 veulent que le passage soit pris par l'endroit où le trajet est le plus court? Mais ces articles n'ont rien d'absolu, ainsi que nous l'avons dit plus haut et la doctrine et la jurisprudence sont généralement d'accord pour le reconnaître. Cass. 7 juin 1860. — 30 mars 1860. — 5 avril 1861.

II. Le fait de passer pendant trente ans sur l'un des fonds enclavants, prive le propriétaire de ce fonds de toute réclamation, et de même qu'il ne peut plus se soustraire à l'exercice du passage, de même il perd son droit à toute indemnité.

1° En effet, l'article 685 est ainsi conçu : « L'action en indemnité, dans le cas prévu par l'article 682, est prescriptible, et le passage doit être continué, quoique l'action en indemnité ne soit plus recevable. » Quels sont les *cas prévus par cet article?*

A. Un règlement a eu lieu entre les parties ou bien un jugement a fixé l'indemnité, mais on est resté trente ans sans la réclamer.

Il ne peut y avoir de difficultés, l'article 2262 qui déclare que toutes les actions tant réelles que personnelles sont prescrites par trente ans, sera applicable.

B. Il y a eu une convention ou un jugement, le passage a été fixé, mais on a réservé la question d'indemnité.

On applique le même article 2262; en outre il est certain que trente ans se sont écoulés, et l'article 685 est applicable.

C. Aucun règlement n'a eu lieu, aucun jugement n'a statué à l'origine, ni sur l'exercice du passage, ni sur l'indemnité.

La prescription de l'indemnité, comme celle du passage lui même, a commencé à courir du jour où ce passage a été exercé pour la première fois. Je fais ici le même raisonnement que précédemment : La servitude de passage existe de plein droit, en vertu d'un titre donné par la loi dès qu'il y a enclave, et l'indemnité est due à partir de ce jour. En effet, que disent les articles 682 et 685? Ils accordent une action en indemnité au propriétaire du fonds enclavant, c'est lui qui doit agir pour faire régler cette indemnité; quant au propriétaire du fonds enclavé, il n'a rien à faire, rien à demander, il peut exercer immédiatement son droit sans aucune réclamation préalable; le fait même de passer doit être un avertissement, une mise en demeure suffisante envers celui qui a droit à une indemnité. Si ce dernier est négligent, et s'il reste trente ans sans agir, sa créance est éteinte et cependant il est obligé de supporter le passage. Ce système est généralement adopté, Cass., 11 août 1825. — Bastia, 2 août 1855. — Cass., 23 août 1827, (D. P. 56, 2, 281.) Cependant MM. Mourlon et Valette soutiennent que la prescription ne peut courir que du jour où l'indemnité a été réglée. L'enclave, disent-ils, ne crée par elle même aucune servitude, elle fait seulement naître le droit d'acquérir par expropriation un passage que l'article 682 permet de *réclamer* aux propriétaires voisins. Nous avons déjà répondu à ce système; j'ajoute que l'article 682, sur lequel il s'appuie, n'a rien d'impératif (*le propriétaire peut réclamer*), que, d'ailleurs, il ne faut pas l'examiner seul, car il est complété par l'article 685.

2° Il ne s'agit donc pas ici d'une prescription acquisitive, mais seulement libératoire. Néanmoins, la possession du passage doit pour devenir utile, remplir les conditions exigées par les articles 2229 et 2232, car elle fait supposer l'existence d'une convention en vertu de laquelle le propriétaire du fonds servant s'est abstenu de faire aucune opposition à l'exercice de la servitude. Bruxelles, 4 février 1806. — Cass., 11 août 1824. — 23 août 1827. — Montpellier, 1er avril 1848, (D. P. 48, 2, 73.) Elle doit donc être paisible et publique : cependant le propriétaire du fonds enclavé n'est pas obligé de prouver que sa possession a eu lieu au vu et au su du propriétaire du fonds servant, Cass., 10 juillet 1821.

La possession doit être continue et non interrompue. Le passage doit donc avoir eu lieu, sinon toujours au même endroit, du moins sur un point quelconque du fonds servant. Besançon, 17 janvier 1865. La jurisprudence a même admis que la continuité du passage sur un seul et même héritage n'est pas nécessaire, et que le passage peut avoir lieu, tantôt sur l'un, tantôt sur l'autre, des fonds enclavants, surtout si le possesseur n'a agi ainsi que pour rendre la servitude moins aggravante, et par esprit de bon voisinage. Cas., 11 juillet 1837. — Metz, 19 janvier 1865 (D. P. 65, 2, 52) — Besançon, 23 août 1848. De même, on a jugé que la possession n'en serait pas moins continue, quand même la servitude n'aurait pas été exercée pendant certaines années. Bourges, 1840, 8 février. Ce dernier arrêt me semble aller trop loin, et je crois que la règle générale doit être prise dans l'article 2229.

La prescription de l'indemnité serait interrompue par une demande d'autorisation de passer, faite par le maître de la servitude, Cass., 1er avril 1848.) Il ne faut pas d'ailleurs confondre la prescription de l'indemnité avec la prescription du droit de passage lui-même; et on peut parfaitement proposer au propriétaire du fonds servant une indemnité, sans pour cela renoncer à la possession acquise du passage.

En résumé on peut dire que la prescription peut, au point de vue de l'acquisition de la servitude de passage en cas d'enclave, être utile.

1° Pour déterminer sur lequel des fonds enclavants le passage doit avoir lieu;

2° Pour fixer l'assiette du passage sur ce fonds.

3° Pour éteindre l'action en indemnité créée par l'article 682.

IV. De la Transcription en cas d'enclave.

La servitude légale de passage doit-elle être transcrite? En principe, toute servitude légale existe en vertu de la loi elle-même, et n'a pas besoin d'être transcrite. Mais on a voulu apporter une exception à ce principe, relativement à la servitude de passage. Nous avons vu, en effet, que d'après MM. Valette et Mourlon, cette servitude serait plutôt établie en vertu d'un jugement ou d'une convention, qu'en vertu de la loi; il faut, disent-ils, que le passage soit déterminé par les parties ou par les tribunaux; il existe donc un acte, qui, pour être opposable aux tiers, doit être transcrit.

Je ne reviendrai pas sur ce que j'ai dit à ce sujet; je pense que ce système doit être rejeté; à la vérité, il peut exister et il existera, le plus souvent, une convention ou un jugement, mais je répète que ces actes ne peuvent être qu'un règlement, et non un titre constitutif d'un droit de servitude. J'en conclus qu'il n'y a pas lieu à transcription

APPENDICE.

ACQUISITION DE DIVERSES AUTRES SERVITUDES SPÉCIALES DE PASSAGE.

1. *Du tour d'échelle.* — Il existait dans l'ancien droit une espèce particulière de passage nécessaire pour les réparations à faire à une maison ou à un mur contigu à l'héritage voisin. Le passage dans ce cas n'était que l'accessoire du droit appelé tour d'échelle. Il consistait soit en une copropriété, soit en une servitude, suivant les Coutumes. En outre, dans certains pays, cette servitude était légale, dans d'autres, elle ne pouvait être que conventionnelle. De là de nombreuses différences au point de vue de l'acquisition. En Normandie, la maxime *nulle servitude sans titre* était évidemment applicable au tour d'échelle, qui, dès lors, ne pouvait exister qu'en vertu d'un titre conférant le droit, soit à titre de servitude, soit à titre de propriétaire du terrain laissé en dehors du mur. Les anciens principes doivent encore aujourd'hui être appliqués relativement aux constructions faites avant le code (Demolombe). Quant à celles qui ont été construites depuis, on se demande si elles peuvent, dans notre droit, être soumises au droit de tour d'échelle. Le code n'ayant pas parlé de cette servitude, elle ne peut donc pas exister en vertu de la loi. De plus, en l'absence de titres, on ne peut supposer qu'elle est l'exercice légitime d'un droit de propriété; car la loi permet de construire à la limite des héritages et suppose qu'on le fait toujours ainsi. Il est vrai qu'un propriétaire peut laisser au-delà de son mur telle partie de terrain qu'il juge convenable, mais le passage sur ce terrain est l'exercice d'un droit lui-même de propriété et n'a rien de particulier.

La servitude de tour d'échelle ne peut donc résulter

que de la volonté des parties; c'est une servitude conventionnelle et soumise aux règles qui régissent les servitudes discontinues et non apparentes; elle ne peut s'acquérir que par titre. Caen, 8 juillet 1826. — Caen, 27 avril 1844 (*p.* 239), — Dijon, 21 nov. 1867. — Grenoble, 17 mai 1870. Elle ne peut résulter non plus de la destination du père de famille, puisqu'elle est discontinue et non apparente. (Jurisprudence constante).

Cependant la jurisprudence et les auteurs ont apporté à ces principes certaines exceptions. Ainsi on a admis que si une réparation est urgente et ne peut être faite qu'en passant chez le voisin, le passage pourra être accordé moyennant indemnité (Analogie de l'article 682). Pardessus, Aubry et Rau. — Bruxelles, 28 mars 1823. D'autres auteurs soutiennent qu'on ne peut tirer d'induction de l'article 682, car on n'entend pas les dérogations à la propriété. M. Demolombe convient que cette doctrine est la plus vraie juridiquement, cependant, en cas de nécessité absolue et en vue de l'utilité publique, il pense que le passage devra être accordé (Poitiers, 17 fév. 1875. J. P. 1875 (*p.* 953 et note). De même, on a admis que le droit de tour d'échelle peut être exercé par voie de conséquence d'un autre droit de servitude légale, et on l'a considéré comme l'accessoire des droits consacrés dans les articles 663 et 655, car lorsqu'on accorde une servitude, on est censé donner tout ce qui est nécessaire pour en user. On a même soutenu que la servitude de larmier supposait nécessairement le tour d'échelle. Mais je pense, avec la jurisprudence de Caen, q'on ne doit pas aller aussi loin. Caen, 27 avril 1844 (*p.* 239). — Caen, 8 juillet 1826 (*p.* 38). — Caen, 31 déc. 1868 (*p.* 286).

Il existe encore des droits de passage qui sont l'accessoire des droits de pacage, de puisage, de pressurage, etc., etc. Ces passages sont régis par la convention qui établit les droits dont ils ne sont que la conséquence nécessaire et obligée.

II. Il existe encore d'autres servitudes de passage accordées dans un but spécial; mais ce sont des servitudes d'utilité publique régies par le droit administratif. Qu'il me suffise de citer la loi du 27 juillet 1791 (art. 17 et 80) qui accorde aux concessionnaires des mines le droit d'établir sur les terrains voisins, des chemins pour l'exploitation de la mine, à charge de payer une indemnité; sans cependant que le transport puisse se faire à travers les héritages ensemencés. De même, la loi du 16 septembre 1807 accorde un droit de passage pour le dessèchement du marais. Mais ces servitudes ne font pas nécessairement partie de notre sujet.

Cependant il existe une espèce de chemins connus sous le nom de *chemins de défruitement* et qui doivent être classés parmi les chemins privés. On nomme ainsi le passage établi pour mettre en communication avec la voie publique les propriétés enclavées par suite de travaux publics, tels que l'établissement d'un chemin de fer. C'est une véritable servitude légale de passage et si elle a un nom particulier, c'est parce qu'elle est constituée et régie par le droit administratif.

CHAPITRE V

PAR QUI LA SERVITUDE DE PASSAGE PEUT-ELLE ÊTRE CONSTITUÉE OU ACQUISE.

Servitude conventionnelle.

1. *Par qui peut-elle être constituée.* — La servitude étant une diminution du droit de propriété, il est clair que le propriétaire peut seul la constituer. Cette condition est exigée par l'article 686 : « Il est permis aux propriétaires d'établir sur leurs propriétés..... » L'usufruitier cependant, pourrait constituer une servitude limitée à la durée de l'usufruit, car nous avons vu que la servitude peut être constituée, soit à terme, soit à condition. Il en est de même du nu-propriétaire ; il pourra concéder sur son fonds, un droit de passage qui ne s'exercera qu'à partir de l'extinction de l'usufruit qu'il supporte, car on peut créer une servitude future. (Voy. *p.* 64.) Est-il besoin de dire qu'on n'applique plus la singulière disposition du droit Romain, qui ne permettait pas à l'usufruitier et au nu-propriétaire d'établir, conjointement et d'accord, une servitude quelconque.

La seconde condition est, que le propriétaire soit capable d'aliéner, car la constitution d'une servitude, produit une sorte d'aliénation partielle de l'héritage servant ; aussi, toute personne qui peut disposer de ses biens, peut créer une servitude. Les mineurs, les interdits ne peuvent donc pas plus librement constituer une servitude de passage, qu'ils ne pourraient aliéner leurs immeubles.

Il en est de même des administrateurs, tuteurs, curateurs, envoyés en possession provisoire; et aucune exception n'est, dans ce cas, apportée au droit commun. V. art. 417, 488 et suiv. 513, 1123 et suiv. 1428 et 1554.

L'acheteur à réméré, et en général tout propriétaire qui n'a qu'un droit résoluble, ne peut créer qu'une servitude soumise aux mêmes conditions de rescision, que la propriété elle-même.

Un propriétaire ne peut créer une servitude sur la chose commune, sans le consentement des autres copropriétaires; c'est la conséquence logique des principes qui précèdent. Néanmoins, cette constitution n'est pas nulle, elle est conditionnelle et soumise à la ratification des autres propriétaires; aussi lorsque l'indivision cessera, le passage devra avoir lieu, si celui qui l'a consenti est devenu seul propriétaire de l'immeuble. Si le copropriétaire indivis, avait constitué une servitude de passage *pour sa part*; cette constitution serait parfaitement valable par elle-même, mais l'exercice de la servitude serait suspendu et ne pourrait avoir lieu, que lorsque cette part serait déterminée par le partage ou la licitation.

II. *Par qui la servitude peut-elle être acquise.* — Tous ceux qui peuvent imposer à leur fonds, des servitudes, peuvent en acquérir à son profit. Mais les conditions de capacité exigées pour constituer la servitude ne sont pas nécessaires pour l'acquérir, car cette acquisition, loin de diminuer la valeur du fonds, l'augmente et procure toujours une utilité ou un agrément à ce fonds. Un mineur, un interdit, une femme mariée, peuvent donc valablement acquérir par eux-mêmes, au profit de leurs fonds, une servitude de passage, sans que le concédant puisse se prévaloir de l'incapacité de celui avec lequel il a traité, pour faire annuler cette concession (1125). De même l'usufruitier, l'acheteur à réméré, le donataire dont la donation a été revoquée pour cause de survenance d'enfants, et en général toute personne ayant une propriété conditionnelle, peut stipuler une servitude sur le fonds qu'elle possède, servitude qui sera temporaire ou perpétuelle, selon la volonté évidente ou présumée des parties. En effet, dit M. Demolombe, de deux choses l'une : ou les parties ont voulu limiter les servitudes à la durée de la possession et alors elle sera éteinte avec cette possession; ou au contraire elles ont stipulé une servitude en termes absolus, pour le fonds lui-même, et alors le propriétaire du fonds servant n'est pas recevable à prétendre qu'il n'a voulu traiter qu'en considération de la personne. En effet, ce dernier a traité plutôt avec la chose, qu'avec la personne et on présume que telle a été son intention, si rien n'établit le contraire.

Néanmoins M. Duranton a soutenu que celui qui n'avait qu'une propriété conditionnelle et soumise à quelque cause de rescision, ne pouvait acquérir qu'une servitude rescindable comme la propriété. L'effet de la résolution de la propriété, dit-il, est de faire considérer celui qui la subit comme n'ayant jamais été propriétaire de l'immeuble, d'où il suit que tout ce qu'il a fait relativement à cet immeuble est censé avoir été fait par un tiers sans intérêt; or nous avons vu quelles sont à cet égard les dispositions de l'article 1121, donc la servitude n'est pas valablement constituée. N'est-il pas d'ailleurs logique de supposer que le donataire, l'acquéreur à réméré ou tout autre dont le droit était révocable, résoluble ou rescindable, n'a cru acquérir qu'une servitude conditionnelle, résoluble ou révocable, puisqu'il lui importait peu que cette servitude continuât d'exister après l'extinction de son droit de propriété.

Un communiste peut stipuler une servitude dans l'intérêt du fonds commun, sans qu'il soit besoin du consentement des autres copropriétaires, car un associé est toujours supposé avoir le pouvoir suffisant, pour enrichir la chose commune, sans que ses coassociés soient obligés d'intervenir; il profite d'ailleurs lui-même de la stipulation, et c'est le cas prévu par l'article 1121.

Servitude légale.

I. Pourqu'on soit fondé à réclamer un passage, la première condition exigée par l'article 683 est que l'on soit propriétaire; mais il faut ajouter que cette réclamation peut être faite par toute personne qui possède l'immeuble en vertu d'un droit réel, tels sont l'usufruitier, l'usager, l'emphytéote. Il ne faudrait donc pas accorder ce droit, comme l'a fait un arrêt d'Amiens 1813, au fermier, au colon partiaire ou au locataire, car ils ne détiennent l'immeuble qu'en qualité de possesseurs; c'est au propriétaire de les faire jouir et c'est à lui de leur procurer un passage nécessaire.

La seconde condition est que le fonds soit enclavé ainsi que je l'ai dit (*p.* 99.) Ajoutons qu'aucune condition spéciale de capacité n'est exigée, puisqu'il en serait ainsi pour l'acquisition d'une servitude non nécessaire au fonds, mais simplement utile. (Voy. *p.* 115.)

II. A quelles personnes la servitude de passage peut-elle être réclamée? Elle doit l'être au propriétaire du terrain sur lequel l'issue peut avoir lieu pour gagner la voie publique. (Voy. *p.* 103.) Le passage peut donc être concédé par les propriétaires voisins quelle que soit leur capacité. En effet cette servitude existant en vertu de la loi elle-même, il n'y a lieu de distinguer ni la nature des fonds ni la qualité des propriétaires. L'acte qui intervient entre les parties n'est pas une aliénation, c'est une détermination, une organisation de l'exercice de la servitude et un règlement de l'indemnité, c'est un simple acte d'administration. Si le propriétaire du terrain sur lequel on réclame le passage est un mineur, le tuteur pourra donc agir seul et sans aucune autorisation (450); si ce propriétaire est un mineur émancipé c'est à lui qu'on devra s'adresser (481); si le fonds enclavant est un bien dotal, le mari ayant l'administration des biens dotaux pendant le mariage pourra seul figurer à l'acte (1549); il en est de même à plus forte raison du mari administrateur de la communauté. Si on est obligé de s'adresser à la justice, on appliquera les règles des articles 464, 482 et 215.

CHAPITRE VI

EXERCICE ET ÉTENDUE DE LA SERVITUDE DE PASSAGE

I. Interprétation du titre.
II. Titre sans limitation. — La détermination de l'assiette du passage libère-t-elle les autres parties du fonds servant?
III. Absence complète de titre.

Toute servitude est régie par le titre qui l'a créée; c'est donc ce titre qu'il faut consulter lorsqu'il s'agit de déterminer l'exercice de cette servitude. Mais il arrive souvent, ou que ce titre contient quelque clause obscure ou ambigue, ou qu'il n'a pas prévu tous les cas pouvant soulever une difficulté, et alors il y a lieu de se demander par quelles règles on y suppléera. Il peut se faire aussi qu'aucun titre ne soit représenté, soit parce qu'il n'en existe pas, tel est le cas où la servitude dérive de la prescription ou de la destination du père de famille, soit parce que l'acte primitif a été perdu ou détruit, et n'a pas été remplacé. Par quels principes règlera-t-on alors l'exercice de la servitude? Examinons ces différentes hypothèses.

I. *Interprétation* des clauses du titre : Le titre constitutif est la constatation d'une convention ordinaire et qui n'a rien de particulier ; on doit donc appliquer les articles 1156 et suivants.

En outre deux principes sont spéciaux à notre sujet : 1° Tout étant de droit étroit en matière de servitudes, on ne doit pas donner au titre, plus d'étendue qu'il ne semble en comporter ; 2° le doute s'interprète en faveur de la liberté du fonds servant. Ainsi on a jugé que le droit de passer avec charrues et charrettes ne comprend pas le droit de faire passer des bestiaux pour les mener à paître (Bordeaux, 25 mai 1830) ; mais il me semble que cette interprétation doit rarement être adoptée, car les termes employés dans l'acte sont le plus souvent énonciatifs, et il est naturel de supposer que les parties ne les ont employés que comme désignant le passage le plus étendu. Cass., 28 juin 1865 (D. P. 66, 1, 153.) La même question se pose relativement au passage à pied, et on a décidé qu'il n'était pas concédé, surtout lorsqu'il était plus onéreux que le passage avec charrues et charrettes. Colmar, 16 janvier 1846.

Le passage doit être restreint à l'usage de l'héritage pour lequel il a été créé, et il ne peut s'étendre à d'autres fonds appartenants au même propriétaire, soit avant et au moment de la constitution de la servitude, soit depuis. C'est un principe certain en jurisprudence, et on ne pourrait le faire fléchir, que si l'annexion de nouveaux fonds à l'héritage dominant ne pourait causer aucune aggravation de servitude. 5 janvier 1858. (D. P. 58, 1, 388.) — 15 avril 1868. (D. P. 68, 1, 339.) Il en serait autrement si le fonds dominant était enclavé, car alors, le passage serait dû pour tous les besoins de l'exploitation. (V. p. 101.)

Dans tous les cas les juges doivent avant tout rechercher l'intention des parties contractantes. Pour y arriver ils peuvent prendre leurs éléments d'appréciation où bon leur semble; l'usage de la servitude sert souvent à révéler la véritable intention des parties.

II. *Le passage est accordé sans limitation*. Dans ce cas, on applique les deux principes suivants : 1° Le passage est réputé comprendre tous les usages auxquels l'héritage dominant sert d'après sa nature et sa destination; mais il ne peut s'étendre au-delà; 2° cette nature et cette destination doivent être appréciées au moment de l'établissement de la servitude.

En effet, le propriétaire du fonds servant a dû mesurer l'étendue de la servitude sur les besoins du fonds dominant, tels qu'ils existaient au moment de la constitution de la servitude. En outre l'article 696 nous dit que la simple constitution d'une servitude, suffit pour comprendre tout ce qui est nécessaire pour en user. C'est ainsi, nous le verrons, que le maître de la servitude peut faire certains travaux. Ainsi encore, on décide que le passage dans une cour avec charrues et charettes, comprend non-seulement le droit de passer au travers de la cour, mais encore le droit d'y tourner. (Caen, 6 mars 1856.)

Lorsque le titre ne parle ni de l'endroit par lequel le passage devra être exercé, ni de la largeur du chemin, que faut-il décider? Le propriétaire du fonds servant peut-il, lui-même, fixer l'endroit qui lui plait? Le même droit appartient-il au maître de la servitude? La meilleure réponse qu'on puisse faire, c'est que dans ce cas on doit s'adresser aux tribunaux qui ont un pouvoir souverain d'appréciation.

Lorsque l'assiette de la servitude est ainsi déterminée, le passage ne peut plus s'exercer par un autre endroit du fonds servant, mais si plus tard, par suite de quelque force majeure, telle qu'un éboulement ou un envahissement des eaux, le chemin devenait impraticable, l'ayant droit à la servitude pourrait de nouveau réclamer un passage par quelqu'autre partie du fonds servant.

Plusieurs auteurs soutiennent au contraire que cette détermination a pour effet de libérer toutes les autres parties de ce fonds et ils raisonnent ainsi : d'une part, dans l'incertitude sur l'étendue d'une servitude, le principe de la liberté des héritages doit l'emporter ; d'autre part, les servitudes cessent lorsque les choses sont en tel état qu'on ne peut plus en user ; or, ici il y a doute, et on suppose précisément que le chemin est impraticable, donc la servitude est irrévocablement éteinte.

Je réponds que le titre constitutif étant sans limitation, la servitude grève le fonds tout entier, et que s'il est nécessaire de fixer un chemin, c'est un simple réglement du mode d'exercice du passage qui a pour but la commodité réciproque des héritages, mais qui, en droit, ne peut avoir pour effet d'affranchir les autres parties du fonds servant de la dette de la servitude. J'adopterais encore cette solution, même lorsque le titre détermine l'endroit par lequel le passage sera exercé, car cette détermination doit, à moins de termes formels, être considérée comme purement réglementaire.

Quant à la largeur du chemin, elle sera établie d'après le but pour lequel la servitude a été accordée, d'après les usages du pays ou des constatations d'experts. On verra plus loin si ces réglements peuvent être changés par la seule volonté de l'un des propriétaires des deux fonds.

III. Si le titre peut être incomplet et donner lieu à des difficultés d'interprétation, il se peut aussi qu'il *n'en existe pas*, et cela arrive dans les trois hypothèses suivantes :

1° Le passage a été acquis par prescription (Voy. *p.* 105). Dans le cas d'enclave, l'étendue et le mode d'exercice de la servitude doivent rester tels qu'ils résultent de l'usage et de la possession, car le mode de la servitude peut se prescrire comme la servitude même, et de la même manière. On applique d'ailleurs la règle de l'ancien droit *tantum præscriptum quantum possessum*, on ne prescrit que comme on a possédé. Lorsque l'assiette du passage est ainsi fixée, elle l'est irrévocablement, et le passage doit être continué par le même endroit et s'exercer de la même manière. Lyon, 28 juin 1833. — Amiens, 19 mars 1824 Cependant on a décidé que le passage acquis par prescription dans l'intérêt d'un commerce déterminé, ne peut, sans qu'il soit payé une indemnité au propriétaire du fonds assujetti, être exercé au profit d'une industrie nouvelle. Bordeaux, 22 déc. 1851 (D. P. 52. 2, 209). Mais la servitude ne peut pas être modifiée au gré de l'héritage dominant, et cependant cet arrêt suppose le contraire, puisqu'il dit que cela est possible moyennant une simple indemnité.

2° Le passage est le résultat d'une destination du père de famille. La destination du père de famille équivaut à un titre qui doit être apprécié d'après l'état des lieux au moment de la division des héritages; et cela est logique, car nous avons vu que les parties sont présumées avoir voulu maintenir cet état tel qu'il existait à ce moment. En outre, à moins de preuve contraire, on suppose que rien n'a été changé depuis cette époque et que la servitude a toujours été exercée de la même manière. Caen, 19 nov. 1828. — 20 janv. 1829.

3° Enfin il peut arriver que le titre primitif n'ait pas été constaté par écrit ou que l'acte écrit ait été perdu et non remplacé par un acte récognitif, comment alors régler l'étendue de la servitude? Je ne pourrais ici que répéter ce que j'ai déjà dit, *p.* 76, j'ajoute qu'à défaut de preuves suffisantes, les tribunaux pourront tenir compte des usages locaux, de la nature de l'héritage dominant, et enfin de la possession qui est la révélation la plus certaine de l'intention des parties.

CHAPITRE VII

DROITS ET OBLIGATIONS RÉCIPROQUES DES PROPRIÉTAIRES DES DEUX FONDS.

I. Droits et obligations du propriétaire du fonds dominant.
- 1° Changements opérés dans le fonds dominant;
- 2° Travaux nécessaires pour user de la servitude;
- 3° Le propriétaire du fonds dominant peut-il modifier la servitude au moyen de la prescription.

II. Droits et obligations du propriétaire du fonds servant.
- 1° Il ne peut rien faire qui diminue l'usage du passage;
- 2° De quelles obligations est-il tenu lorsqu'il déroge à cette règle?
- 3° Quid si les travaux sont mis à sa charge.
- 4° A quelles conditions peut-il changer l'assiette du passage?

III. Effets de la division de l'un des fonds.

I. *Droits et obligations du propriétaire du fonds dominant.*

1° La règle générale est que le propriétaire du fonds dominant doit user de la servitude suivant son titre (art. 702) et ne peut en aucune manière *aggraver la condition du fonds servant* : « Il ne peut faire, dit l'article 702, ni dans le fonds qui doit la servitude, ni dans le fonds à qui elle est due, de changement qui aggrave la condition du premier. »

Il ne peut aggraver la servitude par un changement fait dans le fonds dominant même indirectement : ainsi nous avons vu qu'il doit limiter le passage aux besoins de la propriété pour laquelle il a été constitué, et qu'il ne peut s'en servir pour l'exploitation d'autres immeubles.

Constater quand il y a aggravation, est un point assez délicat et qui peut donner lieu à des difficultés d'application. L'article 702 semble dire qu'il faut que l'aggravation résulte de changements opérés dans l'état des lieux. Néanmoins la jurisprudence décide généralement que le propriétaire d'un fonds de terre auquel est due une servitude de passage n'aggrave pas la servitude en construisant une maison sur ce fonds.

Un arrêt tout récent de la cour de Caen le décide ainsi et pose à cet égard les règles qui doivent être suivies : « En règle générale, dit-il, une servitude ne peut être créée que pour l'utilité du fonds dominant dans la limite de ses besoins, et ces besoins doivent être appréciés, en égard à l'état où se trouvait ce fonds au moment où la servitude a été établie. Mais cette règle basée sur l'interprétation de la volonté présumée des parties, ne s'oppose pas à ce que le fonds dominant puisse recevoir certaines modifications et même certaines augmentations auxquelles les parties ont dû s'attendre et auxquelles en conséquence elles sont réputées avoir consenti. Il en est ainsi, surtout lorsqu'il n'en résulte pas un dommage notable et sérieux pour le fonds servant. » Caen,

18 février 1875 (p. 255.) — Cass., 28 juin 1865 (D. P. 66, 1, 153.) — Caen, 11 déc. 1851. — Cass., 15 mars 1869 (D. P. 70, 1, 109.) — Caen, 27 août 1842. — Rouen, 11 mars 1846. Agen, 4 juillet 1856 (D. P. 57, 2, 95.) Les parties ont dû presque toujours prévoir ces changements et ces constructions qui sont considérés comme des accessoires du fonds.

Ce principe entraînera des conséquences très-importantes, si on veut être logique ; et la servitude de passage pourra devenir très-onéreuse pour le fonds servant. En effet si l'on reconnaît que le propriétaire du fonds dominant a pu élever des constructions sans aggravation de servitude, il faut également lui reconnaître le droit d'user de passage pour toute l'utilité de ces bâtiments et notamment pour engranger ses récoltes, quelle que soit leur provenance ; si non, le droit de construire sera souvent illusoire puisqu'il sera impossible d'user des bâtiments suivant leur destination. Aussi la Cour de Caen par un arrêt du 14 novembre 1866, a reculé devant cette conséquence, se fondant sur ce que le bâtiment n'était qu'un accessoire du fonds dominant et ne pouvait servir qu'à engranger les récoltes excrues sur ce fonds. L'arrêt de Caen du 18 fév. 1875, cité plus haut, adopte dans ses motifs, la même opinion. Il me semble que dès lors qu'on admet le principe, on ne doit pas reculer devant les conséquences.

Pour moi, je pense qu'on doit tenir compte du titre constitutif et qu'on ne peut pas poser un principe absolu. Si le passage est constitué pour tous usages, il faut décider qu'il n'y a pas aggravation ; il en serait de même si le titre constitutif était un partage, car le passage est censé établi pour tous usages. Mais si le titre est vague, s'il paraît avoir été limité, soit tacitement, soit expressément, à l'exploitation actuelle de l'héritage, on devra dire qu'il y a aggravation dans le fait de passer pour l'accession d'une nouvelle construction.

En cas d'enclave, d'autres principes sont applicables. (Voy. *p.* 101.)

A plus forte raison, il semble bien qu'il n'y a pas aggravation quand aucun changement n'est apporté dans l'état des lieux, et par exemple, quand on convertit une maison en hôtel garni ou en restaurant. Agen, 4 juillet 1856. Cependant on décide généralement le contraire. Pour moi, je pense qu'on doit ici faire la même distinction et se demander si le passage résulte d'un partage ou d'une convention et dans ce dernier cas, quelle a été l'intention des parties. Cass., 15 avril 1868 (D. P. 68, 1, 339). Bordeaux, 22 déc. 1851 (D. P. 52, 2, 209).

2° Mais, si le propriétaire du fonds dominant ne peut rien faire qui aggrave la servitude, « il a le droit de faire tous les ouvrages nécessaires pour en user et pour la conserver » art. 697.

Ces ouvrages peuvent être faits soit sur le fonds dominant, soit sur le fonds servant ; on aura donc le droit de pénétrer sur ce fonds pour faire les travaux, s'ils sont nécessaires ; j'ajoute qu'il en serait de même s'ils n'avaient pour but que de rendre le passage plus facile et plus commode, dès-lors que le fonds servant n'en éprouverait aucun préjudice. Cependant si l'exécution des travaux indispensables, causait directement et nécessairement quelque dommage au fonds servant, il ne pourrait y avoir lieu à aucune indemnité, car on suppose que c'est une conséquence qui a dû être prévue lorsqu'on a constitué la servitude.

La servitude étant un droit réel et ne pouvant contraindre celui qui la doit, *ad faciendum*, ces travaux seront faits aux frais du propriétaire du fonds dominant : « ces ouvrages, dit l'article 698, sont à ses frais et non à ceux du propriétaire du fonds assujetti, à moins que le titre d'établissement de la servitude ne dise le contraire. »

Cela est rationnel, car à moins de convention contraire, le propriétaire du fonds dominant est libre d'entretenir ou de ne pas entretenir le passage; c'est lui qui en use, et si le chemin est incommode ou impraticable, il en subira les conséquences. Cependant si le défaut d'entretien devient une cause de dommage pour le fonds assujetti, on décide que le propriétaire du fonds dominant peut être contraint de réparer le chemin ou de l'abandonner. Cass., 29 nov. 1827. (D. P. 28, 1, 303.)

Les tribunaux sont souverains pour apprécier et l'utilité de ces travaux, et le préjudice qu'ils peuvent causer. Cass., 26 juillet 1854. (D. P. 55, 1, 332.) — Caen, 6 juin 1873. (74, *p*. 129.)

3° Le propriétaire du fonds dominant ne doit donc user de la servitude que conformément au titre qui la règle; mais ne peut-il pas prescrire contre ce titre, ne peut-il pas la modifier, l'étendre? Ne peut-il pas, par exemple, s'il a le droit de passer à pied, acquérir le droit de passer à cheval, par la possession de trente ans; en un mot, peut il prescrire le mode, la servitude?

L'article 708 répond à cette question : « le mode de la servitude peut se prescrire comme la servitude même et de la même manière. » Or la servitude de passage est discontinue et imprescriptible; donc il en est de même des modes qu'elle affecte. (Cas., 19 mars 1861. (D. P. 61, 1, 162.)

Mais la prescription ne peut-elle pas au moins assigner au passage une assiette différente de celle indiquée par le titre? Un système soutient que cela est impossible car d'une part l'ancien mode d'exercice est éteint par non-usage (art. 706) et d'autre part le nouveau mode n'est pas acquis par prescription.

On répond à ce raisonnement qu'autre chose est l'acquisition d'un droit, autre chose en est l'exécution. Il est bien vrai qu'on ne peut acquérir par prescription un mode d'exercice de la servitude de passage, mais la détermination de l'assiette de la servitude peut n'être qu'un accessoire du droit lui-même, un règlement de ce droit. Il y a donc lieu, à cet égard, d'examiner si le titre est limitatif et si la fixation de l'assiette de la servitude est un des éléments constitutifs et essentiels du droit lui-même, ou bien si le titre n'est que démonstratif et réglementaire, les tribunaux auront généralement à faire cet examen et à moins de termes formels, ils devront se décider dans ce dernier sens. Dans le premier cas, l'assiette ne peut être changée; elle peut l'être dans le second. (Caen, 27 août 1842, Aze). — Caen, 15 mai 1848. — Caen, 24 juillet 1865 (*p.* 172). — Cass., 6 déc. 1864 (D. P. 65, 1, 25).

II. *Droits et obligations du propriétaire du fonds servant.*

1° L'article 701 est ainsi conçu : Le propriétaire du fonds, débiteur de la servitude, ne peut rien faire qui tende à en diminuer l'usage où à le rendre plus incommode. Ainsi il ne peut changer l'état des lieux ni transporter l'exercice de la servitude dans un endroit différent de celui où elle a été primitivement assignée. »

Les principes posés par cet article sont très-clairs : en règle générale, le propriétaire du fonds servant ne peut rien faire qui apporte quelqu'obstacle ou quelqu'entrave au libre exercice de la servitude. A cette seule condition, il peut user de son droit de propriété dans la plus large mesure; il peut le cultiver, y élever des constructions et y faire tels travaux qu'il jugera convenable.

Néanmoins on a prétendu que celui qui devait une servitude de passage n'avait pas le droit de se clore par une barrière ou une porte, car le passage doit toujours être libre et l'article 647 a prévu ce cas en disant que « tout propriétaire peut clore son héritage, sauf l'exception portée en l'article 682. » Mais cette opinion ne doit pas être adoptée *à priori*, car l'article 647 n'a pas le sens absolu qu'on peut lui donner. C'est aux tribunaux qu'il appartient de décider si cette clôture diminue l'usage du passage et le rend plus incommode. Aussi la jurisprudence ne peut à cet égard poser de principe certain et doit se borner à l'application de l'article 701. Cass., 28 juin 1853. — 31 déc. 1839. — Rouen, 16 août 1856. — Bordeaux, 4 mai 1832. (D. J. G, *p*. 226.)

Le propriétaire du fonds servant conserve la propriété du sol du passage; il peut donc le cultiver, mais en se conformant à l'article 701. A plus forte raison il peut lui-même se servir du chemin pour l'exploitation de ses terrains, à condition, bien entendu, qu'il contribuera proportionnellement à l'entretien de la voie. Je suppose néanmoins que le titre ne dise pas le contraire, car il est certain que les conventions font ici la loi des parties (686). Ainsi on est libre de convenir que le maître du fonds servant ne pourra user du passage, on pourrait même en décider ainsi, si cela résultait de la convention (Caen, 7 fév. 1840), interprétée tacitement par les tribunaux. Ce dernier point est parfaitement expliqué par un arrêt de Caen qui dit « qu'il peut se présenter des circonstances où, même dans le silence des titres, le propriétaire doit être considéré comme s'étant interdit le droit de passer par l'endroit désigné. » Caen, 30 déc. 1871, (C. 72, *p*. 48.)

Non-seulement la propriété du sol reste intacte, mais aucune atteinte n'est portée à la libre disposition du dessus et du dessous. En conséquence, le propriétaire du fonds servant peut élever sur ce fonds, toutes constructions qui ne font pas obstacle à l'exercice de la servitude. 14 août 1851. (D. P., 54, 5, 702). — Aix, 19 janv. 1855. (D. P., 57, 2, 32.)

2° Mais lorsque par suite de ces travaux le libre exercice du passage se trouve entravé, le propriétaire du fonds servant peut être forcé 1° de détruire ces ouvrages et de remettre les lieux dans leur état primitif; 2° de payer des dommages-intérêts. C'est là une obligation réelle et de laquelle tous les futurs acquéreurs du fonds, pourront être tenus.

En effet, M. Demolombe fait le raisonnement suivant: La servitude n'est pas autre chose pour le fonds servant que l'obligation passive de tolérer et de ne faire aucun acte contraire à l'exercice du passage. Or, la servitude est réelle et inhérente au fonds servant. Donc l'obligation qui la constitue est aussi réelle, et suit le fonds dans quelques mains qu'il passe.

C'est le fonds servant qui est lui-même débiteur de la servitude et qui est tenu des obligations contractées par son propriétaire (Voy., *p.* 62.) Cass., 7 mars 1859. (D. P., 59, 1, 157.) Cass, 3 août 1865. (D. P., 65, 1, 391.)

3° Tels sont les droits et obligations du propriétaire du fonds servant, mais les parties sont libres de déroger à ces règles par une convention. Ainsi la construction, la réparation de la voie, et tous les autres travaux nécessaires pour en user, peuvent être mis à la charge du fonds servant (698), qui peut être tenu de les faire à ses frais. J'ai dit du fonds servant, parce que cette obligation est purement réelle, ainsi qu'il a été démontré, *p.* 62. En effet, l'article 699 ajoute que « le propriétaire du fonds servant peut toujours s'affranchir de cette charge en abandonnant le fonds assujetti au propriétaire du fonds auquel la servitude est due. » Cass. 7 mars 1859. (D. P. 59, 1, 157.)

Comment faut-il entendre ces mots : en abandonnant

le fonds assujetti? Désignent-ils le fonds tout entier ou seulement le sol du chemin?

Pour interpréter une convention on doit rechercher quelle a été l'intention des parties. Or si je vous concède un passage à travers ma propriété qui est d'une valeur de 100000 francs, comment peut-on supposer que j'entende vous promettre 100000 francs en remplacement d'un ouvrage qui peut-être ne coûtera pas 100 francs. Donc le sol du chemin doit seul être abandonné. Et je pense que cette solution doit être maintenue, même en admettant que le droit de servitude est dû par le fonds tout entier. (*Voy. p.* 120), car le contraire nous conduirait à des conséquences inadmissibles. On peut supposer qu'en prévision de ce cas, les parties ont convenu que l'abandon d'une portion du fonds aurait pour effet de dégrever tout le reste de ce fonds.

Cet abandon a tous les caractères d'une translation de propriété et c'en est une véritable, entraînant toutes les conséquences ordinaires.

4° Nous avons vu que lorsque l'assiette de passage était fixée, elle ne pouvait être changée par les parties que d'un commun accord; l'article 701 confirme la règle et y apporte une exception : « Cependant, dit-il, si cette assignation primitive était devenue plus onéreuse au propriétaire du fonds assujetti, ou si elle l'empêchait d'y faire des réparations avantageuses, il pourrait offrir au propriétaire de l'autre fonds un endroit aussi commode pour l'exercice de ses droits, et celui-ci ne pourrait pas le refuser. » Le propriétaire du fonds servant peut donc changer l'assiette du passage, à deux conditions : 1° que le passage tel qu'il existe lui soit préjudiciable, 2° qu'il l'établisse dans un endroit aussi commode pour le propriétraire du fonds dominant.

Cette disposition est faite en faveur du fonds assujetti qui seul a le droit de s'en prévaloir; quant au propriétaire du fonds dominant, il n'a pas le droit de l'invoquer (Cass., 1838, 16 mai. — Cass., 23 juillet 1873 (D. P. 74, 1, 14). Ce droit est imprescriptible et il subsisterait, quand même dans le titre originaire le propriétaire de l'héritage servant ou ses auteurs, y auraient expressément renoncé; on décide en effet que cette disposition de l'article 701 est d'ordre public et qu'elle s'applique à toute servitude conventionnelle, naturelle ou légale, Pau, 9 fév. 1835. — Il est évident quelle est inapplicable au cas où le passage a lieu à titre de copropriété.

La première de ces conditions ne doit pas être appliquée à la lettre et il peut suffire que le propriétaire du fonds servant allègue un motif plausible de préjudice. Au sujet de la seconde, on décide généralement que le nouveau passage peut être donné, soit sur le même fonds, soit sur un autre héritage; il suffit qu'il soit aussi facile que l'ancien.

En principe, le chemin doit être de la largeur fixée par le titre constitutif, cependant des arrêts ont admis que « lorsque le titre n'obligeait pas le propriétaire servant à maintenir la largeur existante au moment de l'établissement de la servitude, celui-ci est libre de la diminuer, sauf aux tribunaux à apprécier si cette diminution laisse au passage une largeur suffisante pour sa destination. » Paris, 3 avril 1837.

III. *Effets de la division de l'un des fonds.*

1° Division du fonds dominant : Article 700 : — « Si l'héritage pour lequel la servitude a été établie vient à être divisé, la servitude reste due pour chaque portion, sans néanmoins que la condition du fonds assujetti soit aggravée. Ainsi, par exemple, s'il s'agit d'un droit de passage, tous les copropriétaires seront obligés de l'exercer par le même endroit. »

Je suppose d'abord que le fonds dominant n'a pas encore été partagé, mais qu'il appartient, *par indivis*, à plusieurs copropriétaires, à plusieurs héritiers par exemple. La servitude de passage sera exercée par tous les copropriétaires ainsi que le dit la dernière partie de l'article 700, et aux seules conditions exigées par cet article. Cette servitude pourra quelquefois devenir très-onéreuse, mais lors de la constitution on a dû prévoir cette hypothèse; en outre, une servitude n'est pas accordée à une personne, mais bien à un fonds, et son étendue doit-être réglée sur les besoins de ce fonds. Un jugement ne pourrait donc ici, modifier l'exercice du passage, concontrairement aux dispositions de l'article 700.

Si le fonds dominant vient à être divisé par des *aliénations partielles* ou par un *partage* entre cohéritiers, toutes les parties du fonds fractionné ont droit au passage. Les différents propriétaires l'exerceront par *le même endroit*, et le propriétaire du fonds servant ne pourra se plaindre d'une aggravation de servitude (700). Mais ici, il y a autant de servitudes que de portions de l'ancien immeuble, et si pendant trente ans, l'une de ces parties n'use pas du passage, elle perdra son droit par non usage. Il en est autrement dans la précédente hypothèse, la jouissance de l'un des copropriétaires indivis conserve le droit des autres. Il est évident que dans l'un et l'autre cas, tous les nouveaux propriétaires, ne pourront user du passage, qu'en se conformant aux conditions du titre constitutif de la servitude.

2° Division du fonds servant. — Aucun texte de loi n'a prévu cette supposition, mais on conclut, par analogie, de l'article 700 que la division du fonds assujetti ne peut en rien diminuer l'exercice de la servitude.

En ce qui touche le droit de passage, il importe de faire une distinction : ou le passage grève la totalité de l'ancien fonds encore bien qu'il ait été fixé par une seule partie de ce fonds, dans ce cas la division ne peut rien changer et toutes les parties continuent d'être assujetties (Voy. p. 120); ou, au contraire, la partie du fonds sur laquelle le passage s'exerce a seule été grevée du droit de servitude par le titre constitutif, et alors il ne peut y avoir de difficulté, les autres parties de l'immeuble sont libres et ne peuvent être tenues de fournir un passage, quand même le passage primitif serait devenu impraticable.

CHAPITRE VIII

DES CAUSES D'EXTINCTION DE LA SERVITUDE DE PASSAGE.

I. Changement des lieux.
II. Confusion.
III. Non-usage.
IV. Renonciation ou remise du titre.
V. Résolution du droit du constituant.
VI. Arrivée du terme ou de la condition.
VII. Expropriation.

Les causes d'extinction des servitudes sont nombreuses, il importe de les examiner séparément et de voir si elles s'appliquent à toute servitude de passage.

I. Destruction ou changement des lieux.

Servitude conventionnelle.

Article 703 : « Les servitudes cessent lorsque les choses se trouvent en tel état qu'on ne peut plus en user. » —

Article 704 : « Elles revivent si les choses sont rétablies de manière qu'on puisse en user ; à moins qu'il ne se soit déjà écoulé un espace de temps suffisant pour faire présumer l'extinction de la servitude, ainsi qu'il est dit à l'article 707. »

I. Il faut deux héritages pour qu'un droit de servitude puisse être créé; donc si l'un des fonds vient à périr, la servitude cesse forcément. Je dis que la servitude cesse, car l'exercice seul en est suspendu, le droit lui-même subsiste. Cette destruction ou ces changements peuvent arriver soit dans le fonds dominant, soit dans le fonds servant, et l'un ou l'autre peut être détruit en totalité ou en partie. Par suite la servitude est éteinte provisoirement ou définitivement, selon que le fonds peut revenir à son premier état, ou que cela est impossible.

Si la destruction n'est que partielle, il faut distinguer selon qu'elle atteint l'un ou l'autre des deux fonds : 1° si c'est le fonds dominant qui est partiellement détruit, le passage reste dû aux parties subsistantes ; 2° si c'est la partie du fonds servant sur laquelle s'exerçait le pasagé, la servitude est éteinte, en supposant cette partie exclusivement grevée du droit de servitude ; si, au contraire, tout l'héritage en était tenu, le passage pourrait être réclamé par un autre endroit. En effet, on a décidé que « lorsque le titre constitutif concède la servitude dans des termes généraux, n'impliquant pas son exercice sur une partie spéciale du fonds servant, la servitude n'est pas éteinte par le changement dans l'état des lieux, surtout si ce changement ne cause aucun dommage ni aggravation pour le fonds servant. » Cass., 22 fév. 1875 (*J. P.* 75, *p.* 712). — Cass., 11 déc. 1861 (*J. P.* 63, *p.* 34).

Les travaux nécessités, dans ce cas, doivent en général être faits aux frais du propriétaire du fonds dominant.

Si le changement survenu n'enlève au passage qu'une partie de son utilité, il subsiste néanmoins, et la servitude n'est éteinte qu'autant qu'on ne peut plus en tirer aucun parti. Ainsi « le passage avec chevaux et charrettes, stipulé au profit d'une exploitation rurale, continue à subsister quant au passage à pied, lorsque cette exploitation est modifiée, soit, par exemple, par l'ouverture d'une rue, soit par des constructions faites sur ce terrain. » Cass., 9 déc. 1857 (D. P. 58, 1, 110). — Cass., 21 mai 1851.

II. La servitude revit lorsque les choses sont rétablies de manière qu'on puisse user du passage d'une manière quelconque. Il n'est pas besoin qu'elles reviennent à leur état primitif. Bordeaux, 14 août 1855 (D. P. 57, 3, 306). — Cass., 21 mai 1851. Mais il n'en est ainsi qu'autant qu'il ne s'est pas écoulé un certain délai depuis la cessation d'exercice de la servitude, sinon elle serait éteinte irrévocablement. A cet égard on se demande quel est le caractère de ce délai.

Premier système. Il s'agit ici d'un délai fixe de trente ans et non d'une prescription ordinaire. Le projet du Code Civil fixait dans ce cas un délai de dix ans, tandis qu'il n'admettait l'extinction par non-usage qu'après trente ans; il n'a donc pas confondu ces deux délais. En outre, il est de l'intérêt de la propriété que les servitudes ne puissent pas renaître après un trop long intervalle de temps; et cet intervalle eût pu être considérable si la loi avait admis ici une véritable prescription, qui souvent eût été suspendue et interrompue. Enfin les autres systèmes rendent inutiles les articles 703 et 704 et ils en font une répétition des articles 706 et 707.

Deuxième système. Le délai de l'article 704 est celui

de la prescription ordinaire ; en principe, c'est une véritable prescription libératoire, mais on doit faire une restriction : si le changement des lieux provient d'une force majeure ou d'une cause naturelle, la prescription est suspendue et l'usage de la servitude peut être recommencé à quelque époque que les choses soient rétablies.

Ce système est conforme, et à l'ancien droit, qui admettait la maxime *contra non valentem agere non currit præscriptio*, et, aux termes de l'article 704, qui veut que le laps de temps soit suffisant pour faire présumer l'extinction de la servitude, c'est-à-dire la renonciation du propriétaire.

Troisième système. L'article 704 établit une véritable prescription libératoire, sans qu'il y ait lieu de distinguer entre le non-usage forcé et le non-usage volontaire.

Il est bien vrai, comme le dit le premier système, que le projet de loi portait un délai fixe de dix ans, mais on l'a abandonné pour rentrer dans le droit commun. Cependant il faut reconnaître que ce système est fondé sur des motifs très-sérieux et qu'il a l'avantage de concilier les articles 704 et 707. Quant au second système, on peut lui objecter 1° que la maxime *contra non valentem* n'est pas admise dans notre droit : 2° que l'article 704 renvoie à l'article 706 ; cela suffirait pour prouver que l'un et l'autre parlent d'une même prescription, qu'il y a corrélation complète entre ces deux textes de loi, et que si les termes de l'article 704 semblent restreindre l'effet de cette prescription, on ne doit pas les prendre à la lettre, car l'article 706 dit formellement et positivement que la servitude est éteinte par non-usage. Enfin, en faveur de ce système, on tire un argument des travaux préparatoires du code, dans lequel l'article 700 ne fût définitivement inséré qu'après discussion et sur la proposition du tribunal d'appel de Grenoble.

Il s'agit donc ici, d'une véritable prescription résultant

du non-usage, qui n'est pas suspendue par les cas de force majeure, qui ne court pas contre les mineurs et les interdits et enfin qui est susceptible d'interruption.

Servitude légale.

Les mêmes principes sont applicables à la servitude légale de passage. Mais lorsque son exercice est devenu impossible, par suite soit d'une modification dans le fonds dominant, soit d'une destruction totale ou partielle du fonds servant, et qu'il en résulte une enclave pour le fonds dominant, ce dernier peut réclamer un passage aux autres propriétaires circonvoisins, en vertu de l'article 682.

A l'inverse, lorsque le changement survenu dans l'état des lieux a fait cesser l'enclave, lorsque par exemple une route est faite, soit sur le fonds enclavé, soit sur sa limite, ou encore quand le propriétaire de ce fonds achète des terrains limitrophes et joignant la voie publique, l'ancienne servitude de passage établie en vertu des articles 682 et suivants, cesse-t-elle d'exister? En d'autres termes : la *servitude légale de passage, établie en cas d'enclave, est-elle perpétuelle* comme toute autre servitude, ou bien ne dure-t-elle, sauf convention contraire, que tant que dure l'état d'enclave qui la rend nécessaire? C'est une question très discutée et qui a été résolue de diverses manières par la doctrine et la jurisprudence.

D'abord il est un cas où la question ne peut souffrir de difficulté : c'est celui où par suite d'une vente ou d'un partage, une partie de l'héritage se trouve enclavée; la servitude ne cesse pas malgré la cessation de l'enclave, car le passage est alors une véritable servitude conventionnelle (Voy. *p.* 77) née d'une stipulation tacite entre les parties contractantes et perpétuelle comme toute servitude conventionnelle. Cass., 1er août 1861. (D. P.

62, 1, 161.) Mais en est-il de même lorsque la servitude de passage dérive de la loi?

Un système soutient que cette servitude cesse avec la cause qui lui a donné naissance. Elle constitue, en effet, une lourde charge pour les fonds voisins, et la nécessité seule a permis de l'imposer, or *cessante causa, cessat effectus*, cette nécessité n'existant plus on doit rentrer dans le droit commun qui est la liberté des héritages. Et il en doit être ainsi, même pour un passage acquis par prescription, car la prescription ne change en rien la nature de la servitude légale de l'article 682, elle n'est que l'exécution d'un réglement présumé de l'exercice du passage. (Voy. *p.* 105). Pardessus. Aubry et Rau. Demante. — Rouen, 13 déc. 1862. — Cass., 16 mars 1869 (D. P. 69, 2, 49.)

La Cour de Cassation a adopté aujourd'hui le système contraire, et soutient que la servitude de passage est accordée au fonds enclavé, d'une manière absolue et incommutable, qu'elle existe donc, même après la cessation de l'enclave.

Le premier reproche que l'on fait au système précédent est qu'il semble méconnaître le caractère de perpétuité des servitudes. Toute servitude est perpétuelle à moins que la loi ou la convention ne dise expressément le contraire. Or, aucune exception n'est faite à ce principe pour la servitude légale de passage; donc elle est perpétuelle. La doctrine contraire pourrait d'ailleurs avoir des conséquences fâcheuses; ainsi le maître de la servitude a pu faire des travaux très-considérables et très-dispendieux, en raison de l'issue qu'il possédait et de la direction du chemin, et si ce chemin est supprimé, ces travaux peuvent avoir été faits en pure perte et n'avoir plus aucune utilité.

Ce système est soutenu par M. Demolombe qui ajoute que l'opinion contraire abuse de la maxime *cessante causa...*, car l'enclave n'est pas la cause de la servitude, elle n'en est que le motif occasionnel, c'est la loi qui est la véritable cause dans le sens technique du mot. Cass., 19 janv. 1848. (D. P. 48, 1, 6.) — Toulouse, 16 mai 1829. — Rennes, 18 mars 1839. — Grenoble, 15 mars 1839. (D. P. 45, 2, 160.) — Bordeaux, 25 juin 1863. (D. P. 64, 2, 33.) — Cass., 19 juin 1872. (D. P. 72, 1, 259.) — Cass., 26 août 1874. (D. P. 75, 1, 124.) — Cass., 21 avr. 1875. (J. P. 75; p. 730.)

Si nous admettions le premier système nous aurions une question à examiner : L'indemnité devra-t-elle être remboursée par le propriétaire du fonds servant? Cela parait juste; mais dans quels cas devra-t-elle l'être et jusqu'à concurrence de quelle somme? Les partisans du premier système ne s'accordent pas sur ces points.

II. Extinction par confusion.

Article 705 : « Toute servitude est éteinte lorsque le fonds à qui elle due et celui qui la doit sont réunis dans la même main. » C'est une conséquence du principe que nul ne peut avoir une servitude sur sa propre chose. Si j'achète un fonds sur lequel j'avais une servitude de passage, j'y passerai à l'avenir en vertu de mon droit de propriété et non en vertu de mon ancien droit de servitude. Pour qu'il en soit ainsi il faut que l'acquisition soit de la totalité du fonds ou au moins de la partie sur laquelle a été fixée l'assiette de la servitude. L'article 705 s'applique encore dans l'hypothèse inverse, quand le propriétaire du fonds servant acquiert le fonds dominant et enfin quand un tiers achète les deux fonds.

L'acquisition du fonds assujetti en communauté, par plusieurs personnes dont l'une est propriétaire du fonds dominant, n'éteint pas la servitude par confusion, et réciproquement ; car la servitude est retenue (*pro parte retinetu*) par les autres copropriétaires.

Si plus tard, les deux fonds ainsi réunis viennent à être de nouveau séparés, la servitude de passage revit-elle? il faut distinguer : 1° si la propriété est résolue, *ex antiqua causa*, rétroactivement, la servitude est rétablie telle qu'elle existait avant la réunion des fonds dans la même main ; 2° si la propriété est transmise par une cause nouvelle, telle qu'une vente, une donation, la servitude est éteinte, sauf le cas d'acquisition par destination du père de famille (694).

Il est évident qu'ici il n'y a pas de distinction à faire entre la servitude conventionnelle et la servitude légale.

III. Extinction par non-usage.

Si la prescription ne peut servir à faire acquérir une servitude discontinue telle qu'un droit de passage, elle peut au contraire être utilement invoquée par le propriétaire du fonds servant à l'effet de libérer son héritage. Ce mode d'extinction résulte des articles suivants :

Article 706 : « La servitude est éteinte par le non usage pendant trente ans. » — Article 709 : « Les trente ans commencent à courir selon les diverses espèces de servitudes, ou du jour où l'on a cessé d'en jouir lorsqu'il s'agit de servitudes discontinues, ou du jour où il a été fait un acte contraire à la servitude, lorsqu'il s'agit de servitudes continues. »

I. *Toute servitude de passage est-elle éteinte par le non usage*, et faut-il appliquer ces articles même à la servitude légale en cas d'enclave ? Nous avons vu que lorsque la servitude légale de passage était constituée, elle devenait une véritable servitude ordinaire ; elle est donc éteinte par prescription lorsque celui qui y a droit est resté pendant trente ans sans en user. Il est vrai que le terrain se trouvant de nouveau enclavé par cette extinction, en fait, le passage pourra être maintenu, mais pour cela il y aura lieu à une nouvelle convention et il faudra qu'une nouvelle indemnité soit payée. C'est donc à tort qu'on a soutenu que le propriétaire du fonds enclavé étant libre de cultiver son terrain ou de le laisser inculte, a parconséquent le droit de ne pas se servir du passage; que c'est là un acte de pure faculté qui ne peut faire naître aucune prescription.

Oui, le propriétaire peut s'abstenir de cultiver son fonds, il peut ne pas vouloir user du bénéfice que lui accorde la loi, c'est un acte de pure faculté, mais lorsqu'il a déclaré le contraire, soit expressément en faisant une convention avec le propriétaire du fonds servant, soit tacitement en usant du passage, il en est autrement, et l'intérêt du fonds assujetti veut que le non-usage fasse courir la prescription. Donc tout droit de passage peut être éteint par le non-usage, voyons à quelles conditions.

II. Il n'est pas nécessaire pour conserver la servitude que le propriétaire l'exerce par lui-même, il peut en user par ses représentants, son fermier, son domestique, etc. De même, lorsque le fonds dominant appartient par indivis à plusieurs personnes, la jouissance de l'une conserve le droit des autres. L'article 709 le dit expressément : « Si l'héritage en faveur duquel la servitude est établie appartient à plusieurs par indivis, la jouissance de l'un empêche la prescription à l'égard de tous. » Cet article est une conséquence de l'indivisibilité de la servitude, ainsi que le suivant : Article 710 : « Si parmi les copropriétaires il s'en trouve un contre lequel la prescription n'ait pu courir, comme un mineur, il aura conservé le droit de tous les autres. »

Cet article est-il toujours applicable; et ne faut-il pas

y faire une exception lorsqu'il s'agit d'une succession indivise?

Il est certain que tant que dure l'indivision, la minorité de l'un des cohéritiers profite aux cohéritiers majeurs; mais après le partage et lorsque par l'effet de ce partage, l'immeuble qui avait droit à un passage sur le fonds voisin, tombe au lot de l'héritier majeur, ce dernier pourra-t-il se prévaloir de l'article 710, et soutenir que son droit n'a pu s'éteindre par le non usage, car, pendant l'indivision, il existait un mineur qui avait un droit sur cet immeuble et qui a suspendu le cours de la prescription? On dira que cette prétention est fondée si on ne considère que l'article 710; mais au titre des successions, nous lisons ceci : « Chaque cohéritier est censé avoir succédé seul et immédiatement à tous les effets compris dans son lot ou à lui échus sur licitation, et n'avoir jamais eu la propriété des autres effets de la succession. » (883.) Or, 1° le mineur n'a jamais été propriétaire de l'immeuble qui réclame le passage; et 2° le majeur en a toujours eu la propriété. Donc s'il en est ainsi, la prescription a pu courir contre ce dernier et sa prétention n'est pas fondée.

Comment concilier ces deux articles? La Cour de Cassation a décidé que l'article 710 statue pour le cas d'une copropriété permanente et définitive, non pour celui d'une simple indivision transitoire comme celle qui résulte momentanément d'une succession; aussi dans ce dernier cas, l'article 383 doit seul être appliqué, car il est général et absolu. Cass., 2 déc. 1845. (D. P. 46, 1, 21.) — Cass., 29 août 1853. (D. P. 53, 1, 230.)

Ce système est généralement adopté, cependant M. Demolombe soutient qu'au contraire, l'article 710 doit l'emporter sur l'article 883. Les articles 709 et 710, dit-il, sont l'expression d'un même principe, ils sont liés l'un à l'autre; or il est certain que l'article 709 est toujours applicable, et que la jouissance de l'un des copropriétaires pendant l'indivision, conserve la servitude d'une façon absolue; pourquoi donc l'article 710 ne serait-il pas aussi général? D'ailleurs l'article 883 édicte une règle dont rien ne peut fixer la portée, tandis qu'au contraire l'article 710 déclare formellement que le mineur conserve le droit de tous les autres.

Enfin il est facile d'expliquer le but de l'article 883. La fiction inventée par ce texte de loi est faite dans l'intérêt des cohéritiers, mais ne peut pas se retourner contre eux; elle veut empêcher qu'un cohéritier ne compromette les intérêts des autres cohéritiers en grevant les biens de charges et d'hypothèques auxquelles ceux-ci n'auraient pas consenti. Or, il ne faut pas donner à cette fiction plus de portée qu'elle ne doit en comprendre. Disons donc que l'article 710 doit être appliqué dans tous les cas, et que l'héritier majeur peut se prévaloir des causes de suspension qu'aurait pu invoquer l'héritier mineur, si l'immeuble était tombé dans son lot. Amiens, 5 déc. 1850. — Nancy, 29 nov. 1851.

III. Le non-usage éteint-il la servitude de passage lors même qu'il provient d'une *force majeure?* On peut soutenir que cette prescription est basée sur la présomption que l'ayant droit à la servitude y a renoncé, que cette présomption est impossible en cas de non-usage forcé et que, par conséquent, il faut adopter la maxime *contra non valentem*. Cependant il me semble qu'en droit, l'affirmative est mieux fondée, car les articles 702, 705, 706, 707, ne font aucune distinction et sont rédigés en termes absolus; de plus, les travaux préparatoires montrent clairement l'intention des législateurs; ils prouvent qu'on a eu en vue non-seulement la punition d'une négligence, mais encore la liberté des héritages. Il serait, en effet, contraire à l'intérêt social, qu'on puisse, après un temps immémorial, réclamer un droit dont on a été longtemps sans user, alors souvent que celui auquel on le réclame a perdu les titres qui auraient pu lui servir à contester ce droit et à repousser la demande de ses adversaires. Le propriétaire du fonds dominant peut d'ailleurs empêcher la prescription de courir, en se faisant signer, par le propriétaire du fonds assujetti, une reconnaissance de son droit de servitude.

Mais la prescription doit-elle courir dans tous les cas, même lorsque des signes extérieurs, tels qu'une porte, annoncent l'existence de la servitude de passage? Les articles 706 et 707 ne font aucune distinction entre les servitudes apparentes et non-apparentes, ils ne considèrent que la continuité, or nous savons qu'il faut se garder de confondre ces deux caractères; autre chose est le signe d'une servitude, autre chose en est l'exercice. Disons donc qu'après trente ans de non-usage, le droit de passage est toujours perdu, et que s'il existe une porte ouvrant sur la propriété du voisin, ce dernier peut exiger qu'on fasse disparaître cette ouverture qui apporte un trouble à son droit de propriété. Caen, 19 mai 1837 (*p.* 421).

IV. *Délai de cette prescription*. Pour qu'une servitude de passage soit éteinte par non-usage, il faut et il suffit qu'il se soit écoulé trente ans depuis le jour où l'on a cessé d'en jouir.

1° Cependant on a soutenu que malgré l'article 706, la prescription acquisitive de dix à vingt ans (art. 2265), pouvait servir à l'extinction des servitudes. L'article 2265, dit-on, permet d'acquérir la pleine propriété de l'immeuble que l'on possède pendant dix ans, en vertu d'un juste titre et de bonne foi. Or, qui peut le plus peut le moins, si on peut acquérir la propriété, on doit pouvoir à plus forte raison en acquérir les démembrements. Donc on peut acquérir l'affranchissement de la servitude, qui est un démembrement de la propriété. Il en était ainsi dans l'ancien droit, où les termes formels de l'article 186 de la Coutume de Paris (*la liberté peut se réacquérir contre le titre de servitude par trente ans*) n'excluaient pas l'application de l'article 114, correspondant à notre article 2265. En outre, la loi du 11 brumaire an VII, disait formellement que « *les droits de passage* et autres non expressément réservés dans l'état des charges d'adjudication se prescrivent par *dix ans*. Qu'on n'objecte pas que l'article 706 est formel, car l'article 617 l'est tout autant ; il dit que l'usufruit s'éteint par le non-usage pendant trente ans, et cependant on est d'accord pour reconnaître qu'un tiers possesseur peut acquérir par dix ans la pleine propriété en vertu de l'article 2265. Duranton, Troplong, Duvergier. — Nancy, 14 mars 1842.

Mais ce système est universellement rejeté par la jurisprudence, qui décide que la règle de l'article 706 est générale et absolue et qu'elle écarte l'application de l'article 2265. En effet, d'après l'article 2264, « les règles de la prescription, sur d'autres objets que sur ceux mentionnés dans le présent titre (de la prescription), sont expliquées dans les titres qui leur sont propres. » Il faut donc appliquer strictement le délai fixé au titre des servitudes par l'article 706. Quant à l'argument tiré d'une prétendue ressemblance avec l'usufruit, il n'est pas fondé, car en cas d'usufruit, on acquiert réellement quelque chose par prescription, c'est-à-dire la jouissance de l'immeuble, le droit de l'usufruitier, tandis qu'en cas de servitude, on ne peut acquérir par prescription que sa libération, et non le droit du possesseur de la servitude.

Il ne faut donc pas raisonner ici par analogie, car il s'agit de deux espèces complètement différentes.

Ce dernier système ne peut faire de doute ; il est soutenu par MM. Demolombe, Toullier, Pardessus, et par de nombreux arrêts. Caen, 29 juillet 1851. — Cass., 14 nov. 1853. (D. P. 53, 1, 327.)

2° Quel est le *point de départ* de ce délai de trente ans?

Ici encore deux systèmes sont en présence : l'un prenant à la lettre l'article 707, soutient que les trente ans commencent à courir du dernier acte d'usage de la servitude. (Cass., 2 mai 1836. — 6 fév. 1839); l'autre que ce délai ne peut compter qu'à partir du jour où le droit d'exercer de nouveau la servitude, étant revenu, on a négligé d'en user.

J'ai un droit de passage avec charrettes sur votre fonds, mais ce droit ne m'est accordé que pour enlever ma récolte ; j'ai usé du passage en août 1845, mais en 1846 et depuis, j'ai toujours passé par un autre endroit ; au mois d'août 1875 je veux de nouveau passer sur votre fonds, mais vous vous y opposez et vous invoquez la prescription de trente ans ; suis-je fondé à soutenir que les trente ans ne sont pas écoulés, et qu'ils ne le seront qu'en 1876, car la prescription n'a pu commencer qu'en 1846? Evidemment oui, car 1° l'article 2257 dit que la prescription ne court pas contre un droit soumis à un terme ou à une condition, jusqu'à ce que le terme arrive ou que la condition soit accomplie ; or, mon droit de passage est soumis, quant à son exercice, à un terme périodique ; donc il faut appliquer l'article 2257. 2° Il m'était impossible d'exercer mon droit pendant le temps qui s'est écoulé entre la récolte de 1845 et celle de 1846 ; or je l'ai exercé en 1845 et ce fait me l'a conservé jusqu'à l'année suivante ; je n'en ai pas perdu la possession, j'ai continué d'en jouir ; donc la prescription, aux termes mêmes de l'article 706 n'a pu courir contre moi. Caen, 8 fév. 1843.

3° Pour *interrompre* cette prescription il suffit d'un fait quelconque d'exercice de la servitude, pourvu néanmoins que ce fait soit conforme au titre et assez caractérisé pour constituer un véritable acte d'exercice. Ainsi il me semble difficile d'admettre la décision suivante : « Une servitude de passage peut être déclarée éteinte par le non-usage pendant plus de trente ans, malgré l'exercice de quelques actes de passage durant cette période de temps, si, à raison des circonstances, les faits allégués peuvent être considérés comme des actes de pure tolérance. » Cass., 23 juillet 1860. (D. P., 61, 1, 111.) Je réponds que : de deux choses l'une, ou la servitude existait encore lors de ces actes de passage, et alors il ne pouvait être question de tolérance, puisqu'elle était basée sur des titres valables; ou elle était éteinte, et alors il n'y avait pas lieu de se préoccuper du caractère de ces actes, puisque la servitude de passage est discontinue et ne peut s'acquérir par prescription.

4° Mais lorsque ces faits de passage sont exercés après les trente ans écoulés, et lorsque le propriétaire du fonds servant les a tolérés, il n'y a pas dans ce fait, de la part de ce dernier, une *renonciation* tacite à la prescription acquise. En effet, j'admets parfaitement que le propriétaire du fonds servant puisse renoncer à invoquer la prescription par non-usage; j'admets encore que cette renonciation puisse être tacite, qu'en un mot les articles 2220 et 2221 s'appliquent à notre sujet, mais il faut, à mon avis, que les faits invoqués par celui qui réclame la servitude ne soient pas équivoques, il faut qu'il soit clairement établi que l'abandon du droit a été fait volontairement et en pleine connaissance de cause. Orléans, 16 février 1865. (D. P., 65, 2, 60.) — Cass., 7 juillet 1856. (D. P., 56, 1, 285.)

V. *Prescription par non-usage du mode de la servitude.* — D'après l'article 708 « le mode de la servitude peut se prescrire comme la servitude même, et de la même manière; » Or, la servitude est prescriptible par non-usage, donc il en est de même de ses modes d'exercice. Quels sont les cas prévus par l'article 708 et quand peut-on dire qu'il y a changement, altération du mode de la servitude? 1° La servitude présentait certains avantages dont le propriétaire du fonds dominant aurait pu bénéficier, mais il est resté trente ans sans profiter. Ainsi la servitude de passage comprenait, d'après le titre constitutif, le droit de passer soit à pied, soit avec chevaux, charrues et charrettes; mais pendant trente ans il n'a passé qu'à pied, a-t-il perdu le droit de passer autrement? J'avais le droit de passer en tout temps; je n'ai passé que de jour, ai-je perdu le droit de passer pendant la nuit?

On soutient généralement l'affirmative. Cependant, M. Demolombe fait une distinction. Si le titre constitutif est sans limitation, on peut dire que le maître de la servitude a le droit de l'exercer à son choix, soit à pied, soit en voiture, soit le jour, soit la nuit, la prescription ne peut donc pas courir. Si le titre a défini et limité l'exercice de la servitude, la prescription pourra courir dès qu'on cessera d'exercer le passage suivant l'une des manières permises par le titre; mais dans ce dernier cas il faudra encore examiner quelle a été l'intention des parties.

2° L'exercice de la servitude a eu lieu par un autre endroit et dans un autre temps que ceux qui sont indiqués dans l'acte constitutif. J'ai le droit de passer par le haut de votre cour et depuis trente ans je n'ai passé que par le bas; je n'avais le droit de passer que de jour, je n'ai passé que de nuit depuis trente ans, que faut-il décider?

Nous avons vu que lorsque la détermination du passage était purement réglementaire, la servitude était conservée (ch. VII) et qu'au contraire, lorsque son assignation était constitutive du droit lui-même, la servitude ne pouvait-être changée. Cette distinction faite par M. De molombe, a été adoptée par la Cour de Cassation, dans un arrêt du 6 décembre 1864, ainsi motivé. « Attendu en droit, qu'il est bien vrai que la servitude de passage ne pouvant s'acquérir que par titre, le mode d'exercice de la servitude doit toujours être en relation de conformité avec le titre qui la constitue; qu'il suit de là que, si le titre mentionne taxativement le point de l'héritage servant par lequel doit se pratiquer le passage, cette servitude, limitée et circonscrite dans son mode d'action, peut s'éteindre par le non-usage pendant 30 ans, sans que l'usage, même trentenaire, soit efficace pour conquérir légalement le droit de passer par un autre point du fonds assujetti, parceque ce passage nouveau ne serait plus conforme au titre; mais que la situation change, lorsque le titre concède la servitude dans des termes généraux qui n'impliquent pas son exercice sur une partie spéciale du fonds servant; car, dans ce dernier cas, le titre est obéi même après que l'assiette de la servitude a été changée. J. P. 1865. (*p.* 150.)

La Cour de Caen a été plus loin, et a décidé que, lorsqu'un passage a été constitué sur un fonds par un endroit déterminé, et que depuis plus de trente ans on l'exerce par un endroit différent, la servitude n'est pas éteinte par non-usage, lorsque cet exercice a eu lieu au vu et au su du propriétaire du fonds servant, car on présume que ce dernier a consenti à ce changement. Et c'est avec raison qu'on le décide ainsi, non-seulement par le motif que je viens de citer, mais encore parceque la détermination d'une partie du fonds pour l'exercice du passage, ne suffit pas, ainsi que je l'ai demontré plus haut, pour grever exclusivement cette partie du droit de servitude. (Voy. *p.* 121.)

Ce que je viens de dire au sujet de l'assignation du lieu d'exercice de la servitude, s'applique également au cas d'assignation du temps.

IV. Extinction par la renonciation ou la remise du titre.

I. Ce mode d'extinction des servitudes, ainsi que ceux qui vont suivre, n'a pas été indiqué par le code; une disposition spéciale à cet égard eût été inutile, car on est d'accord pour reconnaître que toute personne peut renoncer à ses droits. Cependant, je dois faire une distinction entre la servitude de passage légale et nécessaire, et la servitude de simple utilité.

La *servitude légale* de passage a été créée non-seulement en vue de l'intérêt des particuliers, elle est en outre fondée sur une pensée d'intérêt public. De là cette conséquence qu'elle est imprescriptible, et qu'on ne peut y renoncer; car toute convention privée qui dérogerait à une servitude d'utilité publique, tomberait sous le coup de l'article 6 du Code Civil qui statue « qu'on ne peut déroger par des conventions particulières aux lois qui intéressent l'ordre public et les bonnes mœurs. »

La *servitude conventionnelle* de passage est donc seule susceptible de s'éteindre par la renonciation du propriétaire qui y a droit. Si le fonds dominant était indivis, la renonciation devrait être consentie par tous les copropriétaires, c'est une conséquence de l'indivisibilité de la servitude.

II. La renonciation peut être expresse ou tacite : expresse, elle peut avoir lieu à titre gratuit ou à titre onéreux, par acte authentique ou sous seing privé; tacite, elle peut résulter de différents actes soumis à l'appréciation des tribunaux, et qui prouvent clairement que le propriétaire du fonds dominant a dû nécessairement renoncer à son droit. Tel est le cas, par exemple, où il permet au propriétaire du fonds assujetti d'enclore complètement de murs, le champ grevé du passage. Il suffirait même, à mon avis, que ces travaux eussent été faits publiquement au vu et au su du propriétaire du fonds dominant et sans opposition de sa part, à la condition toutefois, qu'ils aient un caractère de solidité et de perpétuité. Caen, 13 déc. 1850. La renonciation tacite ne pourrait pas résulter, à moins de circonstances particulières, de ce que le propriétaire du fonds dominant, aurait consenti ou figuré à une vente du fonds servant, dans laquelle le droit de passage n'aurait pas été réservé. Cela résulte par analogie de l'article 621, qui dispose que « la vente de la chose sujette à usufruit ne fait aucun changement dans le droit de l'usufruitier ; il continue de jouir de son usufruit, s'il n'y a pas formellement renoncé. »

Lorsque la remise de la servitude est expresse, le titre qui la constate doit être transcrit, ainsi que l'exige l'article 2 de la loi de 1855 sur la transcription.

V. Extinction par la résolution du droit de celui qui a stipulé ou consenti la servitude.

I. La résolution du droit de celui qui a *stipule* une servitude, entraîne-t-elle la résolution de cette servitude ? En principe on peut répondre non : c'est une question que j'ai déjà examinée et sur laquelle il est inutile de revenir. (Voy. *p.* 115.)

Au contraire quand le droit de propriété de celui qui a *consenti* une servitude, vient à être résolu rétroactivement, *ex causa antiqua*, le droit de servitude tombe aussi, car le constituant est considéré comme n'ayant jamais été propriétaire de l'immeuble.

II. En cas d'*enclave* trouvons-nous la même cause de résolution ? La servitude de passage créée dans ce cas en vertu de la loi, existera toujours, même quand l'enclave aura cessé. (Voy. *p.* 138.) Mais quant à la convent lorsqu'il a pu être faite entre les parties, subsiste-t-elle lorsque le droit de propriété de l'une d'elles a été résolu? J'ai soutenu qu'il n'y avait pas là, concession d'un droit, mais simplement un règlement de l'exercice de ce droit, un pur acte d'administration ; la question consiste donc à demander si les actes d'administration subsistent, malgré la résolution rétroactive du droit de propriété ?

Il serait trop long de commenter l'article 1183. Je fais seulement ce raisonnement : D'après ce texte de loi, l'effet de la condition résolutoire est de remettre les choses au même état que si l'obligation n'avait pas existé ; de faire considérer l'ancien possesseur de l'immeuble comme n'en ayant jamais été propriétaire ; or, s'il n'a jamais été propriétaire, il n'a pu accorder un droit de servitude ; donc ce droit est résolu.

Cependant M. Demolombe fait une distinction. D'après lui, cette fiction ne saurait effacer la vérité du fait lui-même, ni l'empêcher d'avoir existé dans le passé ; et il décide que cette rétroactivité, ne peut s'appliquer ni aux actes d'administration, ni à l'acquisition des fruits. (Tome 25, n° 399 et 464.) De là on doit tirer une solution contraire à la précédente.

VI. Extinction par l'arrivée du terme ou de la condition.

I. Nous savons qu'à la différence du droit romain, on peut dans notre droit, établir une servitude à terme ou conditionnelle (*p.* 64.) Il est donc évident que lorsque le terme est arrivé ou la condition accomplie, la servitude est éteinte. C'est l'application du principe qui proclame la liberté des conventions, pourvu qu'elles n'aient rien de contraire à l'ordre public.

II. Quant à la servitude *légale* de passage elle est perpétuelle, et je n'ai rien à ajouter à ce que j'en ai dit au paragraphe précédent.

VIII. Extinction par suite d'une expropriation pour cause d'utilité publique.

I. Si le fonds dominant est exproprié en entier, la servitude est éteinte : s'il n'est exproprié qu'en partie, la servitude subsiste pour l'autre partie. Si l'expropriation porte sur le fonds servant en entier ou seulement sur la partie grevée du droit de passage, cette servitude est éteinte, mais une indemnité est due au fonds dominant soit par l'administration, soit par le propriétaire exproprié, suivant les distinctions et aux conditions énumérées par l'article 21 de la loi du 3 mai 1841.

II. Mais lorsque par suite de l'expropriation, le fonds dominant ou une partie de ce fonds se trouve enclavée, un passage peut être reclamé par un autre endroit et l'État doit supporter l'indemnité payée pour prix de ce passage. Voy. en outre, *p.* 100.

CHAPITRE IX

DES ACTIONS RELATIVES A LA SERVITUDE DE PASSAGE.

Dans notre droit, on peut distinguer deux divisions des actions relatives aux servitudes. Ces actions sont :

1° confessoires ou négatoires; 2° possessoires ou pétitoires.

I. Quant à la première division, nous savons qu'elle existait en Droit Romain, et nous avons donné ailleurs des explications à cet égard. Elle n'a pas été inscrite dans notre Code Civil, mais il est évident qu'en fait elle existe toujours, car, d'une part, je puis assigner en justice celui qui me doit un droit de servitude, pour lui faire reconnaître, avouer (*confiteri*) mon droit, et, d'autre part, le propriétaire du fonds sur lequel j'exerce un droit de servitude, peut soutenir que mon droit n'est pas fondé (*negare*) et que son héritage en est libre. Aussi l'ancienne distinction est maintenue en pratique.

La seconde division est d'une importance capitale et il importe de bien l'examiner. Voyons en quoi elle consiste et si elle peut s'appliquer à tout droit de passage indistinctement.

A. Des actions relatives à la servitude conventionnelle de passage.

1° *Action possessoire.* — L'action possessoire a pour but de faire maintenir ou réintégrer le demandeur dans la possession de la chose litigieuse, sans rien préjuger sur le point de savoir si cette chose est sa propriété. Au contraire, dans l'action pétitoire, on statue sur le droit de propriété lui-même.

La *condition indispensable* pour qu'il y ait lieu à l'action possessoire est qu'on soit en possession, soit réelle soit civile. Voici d'ailleurs le principe posé par l'article 23 du code de procédure :

« Les actions possessoires ne sont recevables qu'autant qu'elles auront été formées dans l'année du trouble par ceux qui, depuis une année au moins, étaient en possession paisible, par eux ou les leurs, à titre non précaire. »

De là, on a posé les règles suivantes : 1° la possession, pour engendrer une action possessoire, doit avoir les mêmes caractères à la durée près, que ceux exigées par l'article 2229 pour qu'elle puisse servir de base à la prescription; c'est-à dire que cette possession doit être paisible, publique, non précaire, non équivoque, continue, non interrompue, non basée sur une simple tolérance; 2° par suite, l'action possessoire s'applique à toute chose prescriptible, c'est à-dire à l'immeuble et aux droits réels qui portent sur cet immeuble. Ainsi : « un simple droit de servitude peut faire la matière de l'action en complainte, si celui auquel ce droit appartient a été depuis moins d'un an troublé dans sa jouissance. » Cass., 13 fév. 1841.

Ces principes posés, voyons en quoi ils touchent à notre sujet :

L'action possessoire s'applique à toute chose susceptible d'être acquise par prescription; or la servitude de passage est discontinue est imprescriptible, donc l'action possessoire ne lui est pas applicable.

Nous avons vu en effet que la possession de la servitude, en l'absence de titres, est toujours présumée précaire et de simple tolérance; aussi cette solution doit être maintenue sans distinction, que la servitude de passage soit apparente, ou qu'elle soit non apparente. 7 juillet 1852 (D. P. 52, 1, 167.) — 1er juillet 1845, Nîmes. (D. P. 46, 2, 61.) — Cass., 9 mars 1846 (D. P. 46, 1, 101.) — Cass., 25 mars 1863 (D. P. 63, 1, 415.)

Mais il en est autrement quand le passage existe en vertu d'un titre. En effet si la servitude discontinue ne peut être acquise par prescription, c'est parceque la possession en est présumée précaire et à titre de tolérance; or lorsqu'il existe un titre, les vices de la possession sont effacés, et cette possession a tous les caractères qui seraient nécessaires pour fonder la prescription; par conséquent rien ne s'oppose plus à l'emploi de l'action possessoire. Cass., 27 mars 1866. (D. P. 66, 1, 339.) — 1er février 1870 (D. P. 70, 1, 133) — 17 déc. 1862 (D. P. 63, 1, 33) — 16 juillet 1849 (D. P. 49, 1, 193) — 12 août 1874 (D. P. 75, 1, 258) — 20 janvier 1874 (D. P. 74, 1, 151) — 9 janvier 1872. — 16 juillet 1872. — 30 déc. 1872 (D. P. 72, 1, 41. — 74, 1, 79 — 73, 1, 139) — 16 déc. 1874 (D. P. 75, 1, 103) — 7 janvier 1874 (D. P. 75, 1, 111.)

Cette théorie est aujourd'hui adoptée universellement quoiqu'on puisse y faire de nombreuses objections. La plus sérieuse à mon avis est la suivante : L'article 25 du Code de procédure est ainsi conçu : « Le possessoire et le pétitoire ne seront jamais cumulés. » Or si le juge de Paix examine et vérifie le titre créateur du droit de servitude, il déroge à cet article, puisqu'il se base sur le droit lui-même, pour se prononcer sur la question de possession. Il doit donc, lorsqu'il en est ainsi, se déclarer incompétent ou au moins renvoyer les parties au pétitoire et faire juger la question de validité avant de se prononcer.

Cette objection n'existe que parcequ'elle part d'un principe faux; en effet ce n'est pas seulement, ainsi qu'elle le suppose, sur le fait matériel de la possession, que doit porter la décision du juge de Paix, c'est sur son existence civile, sur sa conformité au titre.

Le juge appréciateur souverain du caractère de la possession doit donc nécessairement examiner le titre, afin de voir si cette possession n'a pas eu lieu simplement à titre précaire; c'est donc avec raison qu'on décide que « le juge du possessoire ne cumule pas le possessoire avec le pétitoire lorsqu'il consulte les titres produits par les parties, pour caractériser la possession invoquée. » Cas., 22 nov. 1858 (D. P. 59, 1, 127) — 19 mars 1861 (D. P. 61, 1, 162.) Ce dernier arrêt confirme pleinement ce qui précède : une action en complainte au possessoire avait pour but de faire maintenir l'usage d'un sentier, soit à pied, soit à cheval ou avec bêtes de somme. Le juge de Paix examine les titres produits, titres qui n'accordaient qu'un passage à pied, il déclare donc que la possession étant contredite par le titre, est précaire et abusive en ce qui concerne le passage avec chevaux et bêtes de somme.

Autre chose est vérifier le titre, autre chose est se prononcer sur la validité de ce titre; cette seconde question est toute différente, et le juge de Paix ne saurait la trancher sans excéder la limite de ses attributions. Aussi peu importe, au possessoire, que le titre soit contesté ou non contesté, il suffit qu'il soit clair, qu'il fasse présumer l'existence de la servitude, même quand il n'en fournirait pas complétement la preuve. 7 juin 1847 (D. P. 48, 1, 58.)

Cependant il doit émaner du propriétaire du fonds servant ou de ses auteurs et non du propriétaire du fonds dominant, car nul ne peut se faire de titre à soi-même, 16 juillet 1849 (D. P. 49, 1, 193.)

Que faut-il décider lorsque le titre est concédé *a non domino*, ou lorsque le passage a eu li[illegible] librement *après contradiction?* Nous avons vu en examinant ces questions au chapitre de la prescription, que la possession n'en est pas moins précaire; or s'il en est ainsi, elle ne peut motiver une action possessoire.

Nous avons vu aussi qu'il existe certains faits qui sont assimilés à un titre : l'action possessoire peut donc être intentée, lorsqu'ils se joignent à la possession et viennent l'appuyer. Tel est le titre récognitif, l'aveu du propriétaire du fonds servant. Cass., 9 mai 1831 (D. P. 31, 1, 95). Quant à la destination du père de famille, nous savons qu'elle ne peut s'appliquer à la servitude de passage et qu'elle ne vaut titre qu'à deux conditions : 1° que le passage soit apparent; 2° que l'acte qui constate la séparation des deux fonds soit représenté et qu'il ne contienne rien de contraire au maintien de la servitude. L'action possessoire ne sera donc recevable que lorsque ces conditions seront remplies, Cass., 7 avril 1863. — 27 mars 1866 (D. P. 66, 1, 339). — Orléans, 15 fév. 1868 et Cass., 12 janv. 1869 (D. P. 69, 1, 224). — 2 mars 1869 (D. P. 70, 1, 133).

Enfin, la possession à titre de servitude d'un passage sur le fonds d'autrui ne peut servir de base à l'action possessoire, même quand elle aurait été commencée avant la publication du code et aurait pu, sous l'ancienne législation, faire acquérir la servitude par prescription. Cass., 25 juin 1860 (D. P. 60, 1, 284). Il faudrait qu'il y eût un titre constatant que la servitude était déjà acquise par prescription, avant la publication du code.

Si, dans certains cas, l'action possessoire ne peut être invoquée par celui qui prétend avoir droit à une servitude de passage, elle peut l'être, au contraire, par le propriétaire du fonds servant, lorsqu'il est troublé dans la libre jouissance annale de son terrain, soit par l'exercice d'un prétendu droit de passage, dont il nie l'existence, soit par l'aggravation d'une servitude dont il se reconnaît débiteur. En effet, on doit réputer trouble, tout fait qui entrave la libre possession d'une chose, et, suivant la définition des auteurs, tout acte emportant prétention à la propriété ou à un droit de servitude. Donc le propriétaire du fonds servant peut toujours s'opposer, au possessoire, à l'exercice d'un droit de passage.

Aux conditions qui précèdent, il faut ajouter, d'après l'article 23 du code de procédure, que l'action, pour être recevable, 1° doit être intentée dans l'année du trouble; ce délai court contre toute personne, même contre les mineurs, les interdits et les femmes mariées, 2° que le demandeur soit en possession depuis un an au moins; si la servitude de passage ne devait s'exercer qu'à des intervalles éloignés, il suffirait de l'avoir exercée la dernière fois qu'il en a été besoin (Demol.)

2° *Action pétitoire.* — On peut agir au pétitoire, soit directement, soit après avoir fait juger au possessoire la question de possession. L'action n'est alors qu'une action réelle, ordinaire, soumise aux règles générales.

Cependant, en ce qui concerne la *preuve* une question a été soulevée et résolue en deux sens contraires, par la jurisprudence.

L'effet le plus important de l'action possessoire, est de donner à celui qui a triomphé le rôle défendeur dans l'instance au pétitoire et par conséquent de le dispenser de l'obligation de faire sa preuve, en forçant au contraire l'adversaire demandeur à prouver sa prétention. Si cette preuve n'est pas jugée suffisante, le défendeur est absous, *actore non probante reus absolvitur.*

Ceci posé, examinons l'espèce suivante : Pierre prétend avoir le droit de passer sur le fonds appartenant à Paul. Les parties vont au possessoire et Pierre est maintenu en possession de la servitude; ou bien encore Paul reconnait le fait de la possession exercée par son adversaire et l'assigne directement au pétitoire; dans l'un et l'autre cas, Paul est demandeur et soutient que le droit de servitude n'existe pas. Il s'agit de savoir auquel des deux incombe l'obligation de prouver sa prétention.

Un premier système admet que la règle que nous avons exposée, doit s'appliquer sans exception, et que cela est nécessaire : car la possession ne servirait à rien, si celui qui s'y est fait maintenir, était ensuite obligé de prouver qu'il a acquis la servitude.

Mais l'opinion contraire qui a l'appui de M. Demolombe, semble aujourd'hui prévaloir. En effet, le propriétaire demandeur est protégé par cette présomption légale que sa propriété est franche et libre de toute servitude, jusqu'à preuve contraire. En vain objecte-t-on, que la possession emporte présomption légale de propriété : c'est une profonde erreur, car pour exister, une présomption *légale* doit être expressément établie par la loi. Le seul effet de la possession est d'attribuer le rôle de défendeur, ainsi que je l'ai déjà dit. Attendu, dit un arrêt, que toutes les terres sont libres jusqu'à la preuve du contraire et que cette présomption légale cesserait d'exister, si le propriétaire de l'héritage que l'on veut asservir était obligé de prouver que la servitude n'existe pas.

D'ailleurs, encore bien que celui qui réclame la servitude soit défendeur dans l'espèce, il peut cependant être considéré comme demandeur (*actoris partes sustinet*,) et la maintenue en possession n'empêche pas que celui qui réclame le droit de passage soit obligé de rapporter un titre justifiant sa prétention. Comment! en l'absence de titres, la loi répute la servitude discontinue de passage, précaire et de simple tolérance, et la seule possession d'une année suffirait pour établir une présomption contraire? Cela est impossible et il faudrait un texte précis pour qu'on puisse croire à une pareille inconséquence. Agen, 27 nov. 1857. Limoges, 28 juillet 1842.

B. Des chemins d'exploitation ou voies de desserte.

Les principes que nous venons d'exposer ne s'appliquent pas aux chemins d'exploitation, c'est-à-dire aux passages existant en vertu d'un droit de copropriété. L'usage de ces chemins peut être protégé par l'action possessoire sans qu'il soit besoin que le réclamant produise un titre. Nous savons en effet que le droit de passage par les voies d'exploitation existe sans titre, et qu'on suppose toujours l'existence d'une convention anciennement formée entre tous les propriétaires à qui le sentier était utile. Le juge aura donc à vérifier si le passage est une simple servitude ou si c'est un droit de copropriété. Lorsque ce point sera résolu dans le dernier sens; l'action possessoire sera admise sans qu'on puisse exiger la représentation d'un titre.

Ainsi on a jugé, et il est constant en jurisprudence que : « l'action en complainte pour trouble à la possession annale d'un chemin d'exploitation n'est pas recevable lorsque les faits articulés auraient pour résultat d'établir l'exercice d'un simple droit de passage, c'est-à-dire d'une servitude discontinue, et non la possession du chemin à titre de propriété. » Cass., 25 mars 1863 (J. P. 64, *p.* 646). — 18 mars 1873 (J. P. 73, *p.* 761). — 2 février 1875 (J. P. 75, *p.* 164).

Dans ce cas, la preuve au pétitoire rentre sous le principe général que nous avons exposé plus haut et l'exception que nous avons faite n'est pas applicable. Il ne s'agit plus ici d'un droit portant sur l'immeuble, mais bien de la propriété même du sol. Voici d'ailleurs un arrêt de la Cour de Caen, qui fait parfaitement la distinction, au point de vue de la preuve, entre la servitude et la copropriété : « L'existence d'un chemin d'exploitation reposant sur une présomption de copropriété, c'est la partie qui attaque, au pétitoire, à faire la preuve de ce qu'elle avance, soit qu'elle réclame soit qu'elle dénie le droit au chemin d'exploitation. Il en serait autrement en matière de servitude, même continue; ici la possession annuale est insignifiante et c'est toujours à celui qui prétend exercer la servitude, à prouver qu'il y a droit, soit en vertu de titres, soit en vertu d'une possession trentenaire. » Caen, 8 juin 1872 (*p.* 200). — Cass., 21 août 1871 (D. P. 71, 1, 254). Il peut même arriver souvent que les deux parties soient maintenues l'une et l'autre en possession. C'est ce qui arrive lorsqu'elles prouvent qu'elles font usage du chemin simultanément, le juge de paix alors les maintient dans une possession dont les modes d'exercice, n'ont rien d'inconciliable; sauf aux parties à se pourvoir au pétitoire, quant à la question de propriété.

Cass., 8 déc. 1824. — 5 nov, 1860 (J. P. 61, *p.* 211). — Cass., 10 avril 1872 (J. P. 72, 996). — 21 avril 1874 (J. P. 75, *p.* 125).

C. Servitude légale de passage.

Nous savons : 1° que la servitude légale de passage est une servitude discontinue, mais qu'elle est toujours basée sur un titre qui existe en vertu de la loi et indépendamment de toute convention entre les parties; 2° que par suite, l'usage ne peut jamais en être considéré comme précaire.

Il en résulte que la simple possession annale du passage autorise, en cas de trouble, l'action possessoire; attendu que le fait d'enclave donne naissance à un titre, et à un titre des mieux fondés et des plus puissants, puisqu'il est formellement consacré par la loi. Cass., 9 mai 1831 — 7 juin 1836 — 12 déc. 1843 — 8 mars 1852 (D. P. 52. 1, 94). — 5 janv. 1857 (D. P. 58, 1, 112. — 25 juin 1860 (D. P. 60, 1, 284). — 28 fév. 1872 (D. P. 72, 1, 264).

Cependant cette servitude, quoique légale, n'en est pas moins discontinue : aussi le juge de paix a le droit de vérifier le titre, c'est-à-dire le fait de l'enclave, pour s'éclairer sur le caractère de la possession. La jurisprudence lui accorde même une certaine latitude à cet égard; ainsi, on décide qu'il peut, si l'enclave est contestée, en ordonner la vérification par experts et rejeter la complainte, au cas d'inexistence de l'enclave alléguée, sans cumuler le pétitoire et le possessoire; l'expertise portant alors sur le caractère de la possession et non pas sur le fond du droit. Cass. 17 juillet 1867 — 28 nov. 1866 (D. P. 67, 1, 395).

Quant à la question de savoir à laquelle des deux parties incombe la charge de faire la preuve au pétitoire, il faut appliquer la théorie que nous avons exposée à l'occasion de la servitude conventionnelle.

POSITIONS

DROIT ROMAIN

I. La servitude de passage est une servitude prédiale rurale, car on peut la concevoir sans qu'elle implique nécessairement l'idée de construction.

II. La *via* se distingue de l'*iter* et de l'*actus* 1° en ce qu'elle suppose l'existence d'un chemin tracé ; 2° en ce que la largeur de ce chemin est fixée par la loi.

III. La servitude de passage peut être hypothéquée.

IV. Elle pouvait être acquise par l'usucapion avant la loi Scribonia.

V. Sous Justinien les servitudes n'existent qu'autant que les pactes et les stipulations sont suivis de la quasi-tradition.

VI. La servitude de passage est perpétuelle et ne peut être, en Droit Civil, susceptible de modalités.

VII. Elle est éteinte par le non-usage, par cela seul que le propriétaire du fonds dominant a été dix ou vingt ans sans en user.

VIII. Le propriétaire du fonds servant, qui intente

l'action négatoire doit prouver l'inexistence de la servitude.

IX. Il existe en Droit Romain une servitude légale de passage pour accéder à un sépulcre enclavé.

X. Si la voie publique est impraticable, les riverains sont tenus de fournir un passage sur leurs fonds, ans pouvoir exiger une indemnité.

DROIT NORMAND

I. En Normandie la servitude de passage ne peut être acquise par possession ou jouissance, fût-elle de cent ans.

II. En principe la destination du père de famille ne peut créer une servitude de passage, sauf deux exceptions.

III. La liberté d'un héritage s'acquiert par quarante ans de libre possession.

IV. Le décret ne purge pas l'immeuble des servitudes qui le grevaient.

DROIT CIVIL

I. Ce n'est pas déroger à la règle de l'article 686, qui défend que la servitude soit imposée à la personne, que de convenir que le propriétaire du fonds servant sera chargé de faire les travaux nécessaires pour user du passage.

II. La stipulation d'une servitude de passage, en faveur d'immeubles dont on pourra devenir propriétaire, est licite.

III. On peut avoir un droit de passage sur un bien du

domaine public. Ce droit, qui est d'une nature toute spéciale, *sui generis*, tant que l'immeuble qui en est grevé reste public, devient une véritable servitude, lorsque cet immeuble change de caractère par l'aliénation qui en est faite au profit d'un particulier.

IV. Le propriétaire, voisin d'un chemin d'exploitation, qui exerce un droit de passage sur ce chemin, n'a besoin de représenter aucun titre.

V. Lorsqu'il y a doute sur le point de savoir si un droit de passage existe à titre de copropriété ou à titre de servitude, on doit admettre cette dernière supposition tant que le caractère de chemin d'exploitation, n'est pas reconnu juridiquement à la voie sur laquelle le passage est réclamé.

VI. L'acte récognitif d'un droit de passage est valable sans qu'il soit besoin d'y relater le titre primitif, et il suffit qu'il émane du propriétaire du fonds servant.

VII. La loi de 1855 exige la transcription de toute servitude même apparente.

VIII. La servitude constituée par donation, ou par testament doit être transcrite.

IX. La contradiction opposée au droit du propriétaire du fonds servant, n'est pas un titre suffisant pour faire acquérir la servitude discontinue de passage, même par prescription.

X. Pour qu'on puisse réclamer un droit de passage en vertu d'une destination du père de famille, il suffit de prouver que la servitude est apparente, et que la convention ne contient aucune stipulation contraire à son établissement.

XI. Lorsque l'enclave résulte de la division d'un fonds qui dans son intégrité avait accès sur la voie publique, les articles 682 et suivants ne sont pas applicables.

XII. Lorsque, par suite d'un partage, un passage est créé au profit d'un fonds de terre, il n'y a pas aggravation de la servitude dans le fait de construire une maison sur ce fonds; il en serait de même si cette servitude était créée par convention et pour *tous usages.*

XIII. En cas d'enclave, on peut acquérir par prescription le droit de passer sur l'un des fonds enclavants, même sur celui qui n'offre pas le trajet le plus court pour arriver à la voie publique.

XIV. La prescription de l'indemnité due en cas d'enclave, commence à courir, à partir du jour où le passage a été exercé pour la première fois.

XV. Le propriétaire sous condition résolutoire, ne peut concéder qu'une servitude soumise à la même condition, mais il peut stipuler dans l'intérêt du fonds des servitudes perpétuelles.

XVI. La fixation de l'assiette du passage n'a pas pour effet de dégrever les autres parties du fonds servant.

XVII. Le délai de l'article 704 n'est autre que celui de la prescription libératoire par le non-usage.

XVIII. La servitude légale ne cesse pas avec la cessation de l'enclave.

XIX. Le non-usage éteint la servitude de passage, lors même qu'il provient d'une force majeure.

XX. Le délai de trente ans extinctif de la servitude, court à partir, non du dernier acte d'exercice, mais du jour où ayant besoin du passage on a négligé d'en user.

PROCÉDURE

XXI. Lorsque la servitude de passage est fondée sur un titre, l'action possessoire est recevable.

XXII. C'est à celui qui réclame une servitude de passage à prouver son droit, au pétitoire, même lorsqu'il a en sa faveur la possession annale.

Vu : Le Président,

CAREL.

Vu par le Doyen,

DEMOLOMBE.

Permis d'imprimer.

Le Recteur,

SÉGUIN.

SOMMAIRE

DROIT ROMAIN.

ANCIEN DROIT FRANÇAIS.

DU DROIT DE PASSAGE SOUS LA COUTUME DE NORMANDIE.

DROIT CIVIL.

COUTANCES. — IMPRIMERIE DE E. SALETTES, LIBRAIRE-ÉDITEUR.

COUTANCES. — IMP. DE E. SALETTES, LIBRAIRE-ÉDITEUR.

www.ingramcontent.com/pod-product-compliance
Ingram Content Group UK Ltd.
Pitfield, Milton Keynes, MK11 3LW, UK
UKHW012033240726
13965UKWH00002B/772

9 782013 038706